SOUVENIRS

D'UN

OFFICIER DE LANCIERS

Par le Commandant URDY

...... j'étais là, telle chose m'advint.

PARIS

Henri CHARLES-LAVAUZELLE

Éditeur militaire

10, Rue Danton, Boulevard Saint-Germain, 118

(MÊME MAISON A LIMOGES)

SOUVENIRS
D'UN OFFICIER DE LANCIERS

SOUVENIRS

D'UN

OFFICIER DE LANCIERS

Par le Commandant URDY

.... J'étais là, telle chose m'advint.

PARIS.

HENRI CHARLES-LAVAUZELLE

Éditeur militaire

10, Rue Danton, Boulevard Saint-Germain, 118

(MÊME MAISON A LIMOGES)

PRÉFACE

———

Ces souvenirs sont la narration sommaire mais fidèle
de ce que j'ai fait et éprouvé, de ce que j'ai vu, observé et entendu pendant la campagne de 1870-71.

Avant tout, je ne me suis préoccupé que d'une chose :
donner à mon récit un cachet de vérité absolue. Je n'ai
pas cherché à idéaliser la guerre ; je l'ai représentée
telle qu'elle est réellement, comme je l'ai vue, sans le
moindre fard, sans autre grain de poésie que celui qui
lui est propre.

Pour arriver à ce résultat, je n'ai pas eu, d'ailleurs,
beaucoup de peine. Il m'a suffi de copier mon *Journal
de marche*, ce carnet où j'inscrivais au jour le jour
tous les événements présentant un certain intérêt, les
propos échangés autour de moi, les impressions res-
senties, les émotions éprouvées et enfin mes appréciations personnelles sur certains actes accomplis, les
unes dignes d'éloges et les autres, à mes yeux, plus
ou moins répréhensibles.

Commencé au lendemain même de la guerre, c'est-
à-dire au mois de février 1871, aussitôt après l'armistice, et interrompu seulement pendant une mission
en Alsace, ce travail était terminé à la fin du mois de
juin de la même année. En ce qui concerne les dates,
les lieux et les détails des événements que je rapporte

et auxquels il m'a été donné de participer, mes asser-
tions reposent donc sur des données précises, sur des
documents d'une authenticité absolue, et je suis à peu
près sûr de ne pas avoir commis d'erreurs.

Cependant, après le conflit qui s'est élevé récemment entre le commandant Aubert et le général Lambert
au sujet de la défense, à Bazeilles, de la maison Bour-
gérie ou de l'épisode des *Dernières Cartouches*, on
voit combien il est difficile de dégager la vérité même
d'un fait qui s'est produit dans un cadre très restreint
et qui n'a eu pour témoins qu'un très petit nombre de
personnes.

Mais, si, en ce qui concerne les événements, je suis,
je le répète, à peu près sûr de ne pas avoir commis
d'erreurs, je n'ai pas la même confiance dans la valeur de mes observations critiques. Quand on juge, sur
le moment, sous le coup de désastres sans nom, on
subit nécessairement leur influence et on n'est pas très
disposé à l'indulgence envers ceux auxquels, à tort ou
à raison, on croit devoir en imputer la responsabilité.

Ainsi, dans mon *Journal de marche*, je me suis laissé
entraîner — cédant en cela à un premier mouvement
d'humeur qui s'explique — à formuler des jugements
d'une telle sévérité qu'il me serait impossible, en conscience, de les reproduire aujourd'hui.

Peut-être, après tout, ces jugements étaient-ils fon-
dés. La plupart ont été ratifiés par l'opinion. Mais l'opinion n'est pas infaillible, tant s'en faut, et je crois fer-
mement qu'elle s'est souvent trompée.

Sans doute, les fautes commises ont été nombreuses.
Certaines ont été punies. D'autres seront probablement
appréciées très durement par les historiens de l'ave-

nir. Mais ces derniers — qui ne seront peut-être pas non plus d'une impartialité absolue — pourront néanmoins prononcer sans qu'on les accuse de parti pris, tandis que l'opinion de ceux qui, comme moi, ont été acteurs dans le drame paraîtra toujours plus ou moins suspecte, d'autant plus qu'en général les subordonnés ne sont pas très tendres pour leurs supérieurs hiérarchiques.

D'autre part, rien n'est plus difficile que d'apprécier à leur juste valeur les hommes et les choses. Et, lorsqu'il s'agit de juger des actes se rapportant à une époque aussi profondément troublée que celle de la guerre de 1870-71, la tâche devient en quelque sorte impossible.

Au surplus, même dans le cas où j'aurais jugé sainement et justement, si l'on considère que quelquesuns des hommes qui nous conduisirent alors sont encore vivants à l'heure actuelle, on comprendra le sentiment de haute convenance qu'il y avait à s'abstenir de toute critique de leurs actes ou de leurs personnes.

Un fait hors de doute, c'est que nous avons été battus et que notre défaite est imputable, pour la plus grande partie, à l'insuffisance de nos ressources ou, ce qui revient au même, à la supériorité des moyens employés par notre adversaire.

Quant aux autres causes qui ont pu contribuer à nos désastres, telles que la prétendue incapacité des chefs et l'ignorance si souvent proclamée des officiers, on peut dire qu'elles ne sont pas particulières à l'armée française de 1870, ni spéciale à la guerre qui a eu lieu à cette époque. Elles sont de tous les temps et communes à toutes les armées battues.

Les peuples vaincus n'ont jamais pu, en effet, accepter leurs défaites sans récriminer. Lésés dans leurs intérêts matériels, humiliés dans leur orgueil ou dans leur sotte vanité, même lorsqu'ils n'avaient rien su prévoir pour se garantir contre les convoitises de leur ennemi, toujours ils ont cherché à expliquer leurs malheurs, dans l'espoir chimérique de se justifier aux yeux du monde, et toujours ils ont trouvé, chose d'ailleurs facile, quelque bouc émissaire qu'ils ont chargé de tous les péchés d'Israël.

Sans remonter au déluge ni même au commencement des guerres de la Révolution, alors que dans chaque général battu la foule hurlante voyait un traître — qu'on expédiait immédiatement à l'échafaud — il suffit de rappeler qu'après Sadowa l'état-major de Benedek fut traîné devant un conseil de guerre pour incapacité, et qu'après la Grèce, il y a quatre ans, l'Espagne plus récemment nous offrait encore le même spectacle. Chez nous, après 1870, il ne pouvait pas en être autrement qu'ailleurs ; et, dans notre pays, la crise devait être d'autant plus violente que les passions y sont plus vives.

Nos officiers, nos généraux, enfin tous les chefs de notre pauvre armée ont donc été choisis pour être les victimes expiatoires de nos revers, et, sans la moindre façon, on les a livrés aux dieux infernaux. C'était dans l'ordre, et il n'y a pas lieu de s'étonner de cet holocauste, qui devait au moins avoir pour résultat de faire le calme dans les esprits.

Pourtant, ces officiers et ces chefs qu'elle sacrifiait maintenant sans le moindre scrupule étaient ceux-là mêmes que la foule inconsciente, mais féroce, acclamait et couvrait de lauriers quelques années auparavant, au retour d'une campagne heureuse! Alors tous ces chefs et tous ces officiers étaient des aigles et des héros. Aujourd'hui, bien que n'ayant pas beaucoup changé et plus expérimentés que jamais, ce n'étaient plus que des ignorants, des incapables, voire même des traîtres!

Eh bien, non! quoi qu'on en ait dit, les officiers de cette époque en valaient d'autres, à tous égards, même au point de vue de l'instruction. Et surtout ils étaient — ce qui a bien son prix — d'une vaillance incomparable, d'une bravoure éclatante dont ils ont fourni partout des témoignages manifestes, tandis que leurs détracteurs actuels, qui, pour la plupart, n'ont jamais vu le feu que dans les stands ou les polygones, ne savent pas encore l'attitude qu'ils auront le jour où ils serviront enfin de cible à l'ennemi et où ils seront exposés aux rafales de ses balles et de ses obus.

Il est commode de juger à distance, les pieds sur les chenets, et de faire ce qu'on appelle si joliment de la stratégie et de la tactique en chambre. Pour un officier, cela vaut mieux assurément que de passer son temps à flâner dans les rues ou à vider des bocks dans les cafés. Mais, autrefois, il y avait aussi des officiers studieux, laborieux, et qui, en fait de stratégie et de tactique, ne le cédaient en rien à ceux d'à présent. Par exemple, ils possédaient une vertu qui devient de plus en plus rare : ils étaient modestes.

La campagne de 1870 comportant des enseignements du plus haut intérêt, on comprend que des professeurs d'art militaire ou même de simples officiers y puisent des sujets d'étude. Mais, quand on vient nous dire :

« Ce n'est pas ainsi qu'on aurait dû agir », ou bien :
« C'est de cette façon qu'il fallait opérer, et l'on serait
arrivé à un bon résultat », j'estime que tout cela est
parfaitement puéril et même un peu naïf. Car, si nous
savons ce qui s'est produit — et hélas! nous ne le savons que trop! — en procédant comme nous avons fait,
en revanche personne ne peut dire ce qui serait arrivé
si l'on avait adopté une ligne de conduite autre que
celle qui a été suivie. On pourra faire à cet égard toutes
les hypothèses que l'on voudra — et le champ en est
illimité, — on ne parviendra jamais à établir, autrement que par des suppositions également gratuites,
qu'elles se seraient réalisées comme on se plaît à l'indiquer. Il leur manquera toujours la sanction de l'expérience, c'est-à-dire celle du fait accompli, la seule
qui ait de la valeur.

Certes, notre plan d'opérations du début de la campagne n'était pas fameux. On a même prétendu que
nous n'en avions aucun. C'est possible. En ce cas, nous
nous trouverions ici en présence d'une des fautes commises par l'état-major, et dont la responsabilité lui
incomberait entièrement. Sur ce point, on pourrait donc
discuter, et, Dieu merci, on ne s'en est pas fait faute :
le sujet est épuisé depuis longtemps.

Mais, enfin, à la guerre — peu importe le plan d'opérations adopté, — il faut toujours en arriver à se mesurer avec l'ennemi, à lui livrer bataille ; et c'est de cet
acte capital, composé généralement de plusieurs ren-
contres, que dépend le sort des armées en présence et
celui de leurs nations respectives.

Or, ce n'est pas avec notre infériorité numérique de
combattants, même en les employant le mieux du

monde et d'après le plan le plus merveilleux, que nous pouvions nourrir l'espoir de triompher de notre adversaire. Par contre, en raison des forces presque doubles dont celui-ci disposait vis-à-vis de nous, la victoire devait à peu près sûrement lui revenir. Que la bataille se livrât ici ou là, en ce point ou en cet autre, la disproportion des effectifs était telle entre les deux partis que le plus faible numériquement était condamné à succomber d'avance. En vain objectera-t-on qu'on pouvait mettre en pratique la maxime de Napoléon, c'est-à-dire « être le plus fort sur un point donné à un moment donné ». Au lieu d'éparpiller nos corps comme on l'a fait, on aurait pu évidemment les réunir tous, par exemple en Lorraine,· ce qui aurait donné une armée unique d'environ 250.000 hommes. Mais, en ce cas, l'ennemi n'aurait pas manqué de faire converger toutes ses forces vers ce point, il se serait encore trouvé plus fort que nous au jour de la bataille, et, au lieu d'être écrasés en détail, nous l'aurions été en masse : voilà toute la différence.

A Frœschwiller, par exemple, nos troupes se sont admirablement battues. On ne peut pas déployer plus de valeur ni plus d'héroïsme, ce qui n'a rien de surprenant quand on songe que nous avions là nos zouaves et nos turcos, ces magnifiques et intrépides corps d'élite commandés par les officiers les plus brillants. Nous n'en avons pas moins été écrasés, par le nombre d'abord, c'est certain, puisque l'ennemi a fait agir des forces à peu près doubles des nôtres — 70.000 hommes environ contre 35.000. Mais il faut bien reconnaître qu'outre leur supériorité numérique, nos adversaires se sont aussi très vaillamment comportés. Cet aveu devrait d'autant moins nous coûter que ce serait vraiment par trop humiliant de penser que nous avons pu être battus par une armée de pleutres. Il ne manque pas de gens, cependant, qui ont contesté la valeur de l'armée victorieuse, et il n'est pas rare de voir aujourd'hui encore des écrivains s'employer systématiquement — c'est manifeste — à dénigrer nos ennemis d'alors et nos adversaires éventuels.

Cette tactique, dont le but évident est de flatter le chauvinisme populaire, c'est-à-dire de bas étage, n'est pas seulement erronée et maladroite, elle est encore dangereuse au dernier point. Que le malheur fasse, par exemple, que la fortune ne nous soit pas favorable au début de la prochaine guerre, et tout de suite l'opinion, si prompte aux revirements, accusera tout le monde de l'avoir abusée et nourrie d'illusions, et elle ne verra plus, dans l'armée en particulier, que des traîtres et des imbéciles. À moins d'un bonheur sur lequel il est au moins prudent de ne pas trop compter, voilà à quoi nous expose la campagne menée par un certain nombre de gens, plus soucieux de leur propre intérêt que de celui du pays, qui revendiquent pour eux seuls — ô ironie! — le monopole du patriotisme!

Qu'un chef de détachement, par exemple un explorateur de pays inconnus, à la tête d'une poignée d'hommes résolus et déterminés, explique à ses soldats, disciplinés et pourvus de bonnes armes, qu'ils n'ont rien à redouter de la multitude, mal armée et sans cohésion, qui tenterait de s'opposer à l'exécution de leurs desseins, cela se comprend ; il ne court pas grand risque de se tromper ni d'abuser de la confiance de ceux qui le suivent. En ce cas, le dédain et même le mépris de l'adversaire — composé en général d'un tas de pouilleux — sont une des conditions, on pourrait dire la première de toutes, du succès de l'opération poursuivie.

Mais de tels procédés employés vis-à-vis d'un organisme aussi puissant et aussi connu que l'armée allemande, c'est tout simplement ridicule, c'est un outrage et un défi au sens commun!

Avec les moyens de vérification que l'on possède à l'heure actuelle, à qui diable espère-t-on persuader que cette armée est à l'état de décomposition et qu'elle ne comptera bientôt plus que des poltrons et des crétins? En vérité, il faut que les écrivains qui s'emploient à cette besogne prennent leurs lecteurs pour des gens bien naïfs!

Que l'on m'entende bien. Je n'admire pas l'armée allemande plus qu'il ne convient. Comme toutes les grandes institutions humaines, celle-là doit avoir aussi ses vices et ses défauts, et il est probable qu'elle laisse à désirer sous plus d'un rapport. Mais, si l'instrument n'est pas parfait, personne n'ignore qu'il est encore très redoutable, très puissant, et je m'élève précisément contre ceux qui, au mépris de toute évidence, voudraient nous faire croire le contraire.

Je ne vois pas, d'ailleurs, l'intérêt qu'il peut y avoir à nous représenter notre adversaire éventuel sous un jour défavorable. Cela ne mettra pas un atout de plus dans notre jeu et pourrait, au contraire, nous causer, à un moment donné, d'amères déceptions. L'ennemi, il faut s'attacher à le connaître complètement, c'est entendu, afin de pouvoir le mesurer à sa juste valeur. Mais, pour celui dont il s'agit ici spécialement, mieux vaut avoir de lui plutôt une bonne opinion, car, si nous parvenons quelque jour à le battre, ce que j'espère, notre victoire sera d'autant plus honorable, notre mérite sera d'autant plus grand, et notre armée trouvera dans ce sentiment le prestige et l'ascendant moral qui constituent les éléments de force dont elle a le plus besoin.

Parmi les questions sur lesquelles il importe que l'opinion ne se laisse pas égarer, il convient de citer en particulier celle des effectifs ou du nombre. A ce propos, on voit des gens qui s'ingénient à nous prouver qu'en cas de guerre la France pourrait mettre en ligne un plus grand nombre de soldats que l'Allemagne ; comme si, pour tout esprit doué de la moindre parcelle de bon sens, il n'était pas clair qu'entre deux nations où le recrutement et la durée du service sont sensiblement les mêmes, celle qui a une population de 56 millions d'habitants doit pouvoir mobiliser un plus grand nombre d'hommes que celle dont la population ne s'élève qu'à 38 millions d'âmes!

On a bien été obligé de le reconnaître il n'y a pas longtemps à la tribune de la Chambre à propos de la discussion du budget de la guerre.

Mais alors on a commis une autre erreur non moins grave, à mon avis : c'est de prétendre que le nombre n'a pas l'importance qu'on lui attribue et qu'il peut être compensé par la qualité. Voilà, malgré les applaudissements du Parlement et les louanges de la presse, une thèse qui a dû paraître singulièrement risquée aux hommes qui ont quelque compétence en la matière. L'exemple de la bataille de Frœschwiller, que je citais tout à l'heure, suffirait, s'il en était besoin, à montrer le cas qu'il faut faire de cette fameuse théorie.

D'ailleurs, on ne nous a pas dit sous quel rapport on se propose de réaliser cette qualité, ni par quels moyens on compte pouvoir l'obtenir.

Est-ce dans le domaine du matériel? Mais la supériorité qu'une puissance peut acquérir sous le rapport de l'armement n'a jamais, à notre époque de progrès, qu'une durée temporaire, on pourrait dire éphémère.

Est-ce dans le domaine du personnel? Mais toutes les grandes armées de l'Europe sont organisées et instruites de la même façon, la durée du service y est à peu près partout la même et la discipline n'y diffère pas sensiblement. Dans toutes ces armées, les soldats se valent donc, à très peu de chose près, et cela est d'autant plus vrai qu'avec l'armement actuel et aux distances où l'on se bat, l'homme le plus bête, le plus maladroit et le moins brave peut causer à l'ennemi autant et plus de mal que le soldat le plus intelligent, le plus habile et le plus vaillant.

Qui donc pourra jamais savoir, à l'issue d'un engagement, d'où sont partis les balles et les obus — je veux dire par quelles mains ont été tirés les coups de fusil et les coups de canon qui ont atteint tous ces morts ou blessés qui sont là couchés par terre?

Je ne méconnais pas — ce serait absurde — l'importance de la valeur individuelle, de la vigueur, de l'énergie, de l'adresse, en un mot de l'habileté professionnelle, ni même de l'intelligence. Je veux simplement appeler l'attention sur une chose que je crois exacte, à savoir que, avec le fusil et le canon perfectionnés, cette importance n'est plus aussi grande aujourd'hui qu'autrefois.

A l'heure présente, l'essentiel consiste à couvrir l'ennemi de projectiles, à l'en inonder de telle sorte que sa position devienne intenable et qu'il soit obligé de l'abandonner sous l'intensité et la violence terrifiante de la pluie de fer qui s'abat sur lui.

Par suite, les qualités qui paraissent le plus nécessaires, celles qu'il faut développer et entretenir avec le plus de soin chez le soldat, ce sont les qualités d'ordre moral. Pour mettre les troupes à même de supporter les dures épreuves du combat moderne, il faut exalter en elles tous les sentiments nobles, élevés et généreux : les idées de patrie, d'honneur, de devoir, de dévouement, d'abnégation, de solidarité, de sacrifice, etc. Alors la nécessité de la discipline leur apparaîtra clairement, elles l'observeront d'elles-mêmes, pour ainsi dire d'instinct, elles feront preuve d'un sang-froid imperturbable et mépriseront le danger, en un mot, elles seront braves et prêtes à toutes les tâches qui pourront leur incomber.

Mais personne ne peut se flatter de posséder exclusivement le monopole de ces facteurs moraux, car partout on en comprend l'influence prépondérante, et dans toutes les armées on s'emploie activement à les développer au plus haut point.

En fait, la valeur d'une armée — on l'a dit bien souvent et c'est toujours vrai — dépend de celle de ses cadres. Tant valent les cadres, tant vaut la troupe. C'est donc à avoir des cadres solides qu'il faut s'attacher tout spécialement. Les nôtres — je parle surtout du personnel officier de l'armée active — ne le cèdent en rien à ceux des armées avec lesquelles nous pourrions avoir à nous mesurer. Ils sont excellents à tous égards. Seulement, les cadres similaires de nos adversaires éventuels ne sont pas non plus manchots. Ils travaillent comme nous, ils sont constamment à la peine pour entretenir ou perfectionner leurs connaissances, et il est permis de croire que ce sont aussi des gens de valeur. Il ne faut donc pas les mépriser.

Dans ces conditions, les efforts étant partout considérables, il semble assez difficile d'obtenir, en ce qui concerne la valeur ou la qualité des cadres, une supériorité nettement tranchée et indiscutable.

Le mieux est donc de ne pas tant s'inquiéter de savoir si nous valons plus ou moins que nos voisins, chose impossible à déterminer, mais de travailler ferme et en silence, comme on le fait d'ailleurs depuis déjà longtemps, afin de maintenir toujours l'outil en bon état et même de le perfectionner, si c'est possible.

Ce que j'écris là, je le sens bien, n'est pas précisément de nature à me concilier la faveur de tout le monde. Je ne le regrette pas. J'exprime mon opinion librement, en toute indépendance, sans rechercher les approbations ou les applaudissements de la foule, sachant depuis longtemps ce qu'en vaut l'aune. Je n'attends pas non plus après ses suffrages, je puis m'en passer. Et, comme je déteste l'hypocrisie, je dis ce que je crois être la vérité, tout simplement. Tant pis pour ceux qui ne voudront pas me comprendre!

Ceci bien entendu, je reviens à *Mes Souvenirs*. Je n'ai rien fait d'extraordinaire ni même de remarquable; ce que je raconte n'est donc pas très intéressant, surtout pour les personnes qui, comme moi, ont pris part à la campagne de 1870. Mais, pour les générations nouvelles, il n'est peut-être pas inutile de rappeler nos souffrances et nos malheurs. Ces malheurs, on en parle bien, il est vrai, assez fréquemment, on les évoque même très souvent. Mais ceux qui n'en ont pas été les témoins et qui ne les ont pas éprouvés personnellement ne peuvent s'en faire, en somme, qu'une idée fort vague.

A l'heure où j'écris ces lignes, il y a trente ans que la guerre a eu lieu ; c'est-à-dire que, à l'égard de cette guerre nous nous trouvons aujourd'hui à peu près dans la même situation que les hommes de mon âge par rapport aux guerres de la fin de l'Empire. Or, à l'époque où je suis né, on ne se souvenait presque plus de ces campagnes, et, pourtant, il n'y avait pas plus de vingt-huit ans que Waterloo avait eu lieu.

Dans mon enfance, j'ai bien entendu encore raconter des épisodes des campagnes de 1813, 1814 et 1815 par quelques témoins oculaires, que j'écoutais avidement. Mais les survivants des grandes guerres de la Révolution et du commencement de l'Empire se trouvaient déjà assez rares, et, parmi la masse de la population, on ne parlait plus guère de ces grands drames. Il est vrai que, dans l'intervalle, nous avions eu les campagnes d'Algérie, et celles-ci avaient certainement contribué à faire oublier les autres.

Certes, le souvenir de Napoléon était toujours vivace et le portrait du grand capitaine se trouvait dans toutes les chaumières. Mais il n'en est pas moins vrai que ses prodigieux exploits n'apparaissaient plus qu'à l'état de légende. A l'exception des acteurs du drame, personne n'en avait plus qu'une idée confuse.

Je me trompe peut-être ; cependant, il me semble que les hommes de la génération actuelle, tous ceux en somme qui sont nés depuis une trentaine d'années, ne doivent pas avoir une idée beaucoup plus nette de la guerre de 1870. Or celle-ci ne s'apprend pas dans l'histoire officielle. On ne peut l'étudier avec fruit que dans les souvenirs ou les mémoires des témoins. Et c'est à ce titre qu'il m'a paru utile de rassembler et de publier les miens.

Décembre 1900.

SOUVENIRS

D'UN OFFICIER DE LANCIERS

ARMÉE DU RHIN. 1er CORPS

Du 10 juillet au 3 août : En Alsace. — Neuf-Brisach. — Colmar. — Schlestadt. — Benfeld.

C'était le 10 juillet 1870, huit jours avant la déclaration de guerre officielle.

Le 6e lanciers se trouvait alors en garnison en Alsace, l'état-major et la portion principale à Schlestadt, les 2e et 3e escadrons à Neuf-Brisach, sous le commandement du chef d'escadrons Bonie.

J'étais maréchal des logis chef au 2e escadron.

Nous venions d'arriver à la cantine, et nous allions nous mettre à table, pour le déjeuner, quand un planton, à bout d'haleine d'avoir couru, vint nous dire : « Le commandant vous demande tout de suite au bureau de la place. »

Nous nous y rendons en hâte, tout en nous demandant, l'adjudant, l'autre maréchal des logis chef et moi, ce qui pouvait bien motiver ce pressant appel.

A notre arrivée, sans autre explication, le commandant, debout, le dos tourné à la cheminée, à côté du colonel Lostie de Kerhor, commandant d'armes, nous

, dit : « Il est 10 h. 1/2 ; vous allez retourner au quartier faire sonner à cheval ; à midi, j'attendrai les escadrons à la porte de France. Faites monter le plus d'hommes que vous pourrez ; prévenez immédiatement les officiers. Qu'on se hâte ! A 1 heure je veux être à Colmar, à la porte de la préfecture. »

Plus de doute, nous allions aux grèves qui venaient de se déclarer dans les centres industriels de la région, peu après le plébiscite, à Mulhouse d'abord, puis à Thann et Guebwiller.

Déjà, depuis quelques jours, le 9e cuirassiers, en garnison à Belfort, avait été appelé à Mulhouse, où s'était rendu également le préfet du Haut-Rhin, celui-ci s'efforçant vainement de faire entendre raison aux ouvriers qui, sans motifs bien apparents, comme toujours, avaient déserté leurs ateliers et refusaient avec une obstination incompréhensible de reprendre leur travail. Du reste, pas le moindre désordre ; des attroupements aux coins des rues ou sur les places, incommodes surtout pour la circulation.

Voilà, du moins, ce qu'on disait à Neuf-Brisach, où, en raison de l'extension du mouvement gréviste, nous nous attendions à chaque instant à partir.

En recevant l'ordre du commandant, nous n'avons donc été, en somme, qu'à moitié surpris.

De Neuf-Brisach à Colmar, on compte seize kilomètres ; le terrain est absolument horizontal et la route très belle. Néanmoins, la distance ne peut guère être franchie en une heure par une troupe de cavalerie un peu importante, et nous étions deux escadrons comptant, ensemble, environ deux cent vingt chevaux. En conséquence, après avoir laissé la colonne au plus ancien des deux capitaines, le commandant du détachement — qui m'avait chargé de l'accompagner — s'est porté rapidement sur Colmar, où, à 1 heure précise, ainsi qu'il l'avait fixé, il frappait à la porte de la préfecture.

— Où est M. le préfet?

— M. le préfet est à Mulhouse; mais je suis le secrétaire général, et je.....

— Eh bien! Monsieur le secrétaire général, je vous prie de télégraphier à M. le préfet que sa dépêche m'est parvenue à 10 heures, que j'ai quitté Neuf-Brisach à midi avec mes deux escadrons, et que je suis arrivé ici à 1 heure, à 1 heure, vous entendez! Je vous demande maintenant de me faire connaître ce qu'on attend de nous, où nous devons aller, ce qu'il faut faire, etc., etc.?

Un peu ahuri par ce flot de questions, tenant son chapeau d'une main et dans l'autre son cigare, le malheureux secrétaire général répondait :

— Mon cher commandant, à vrai dire nous ne vous attendions pas sitôt; vous nous surprenez un peu; mais il n'y a pas péril en la demeure; rien ne presse. Il faut d'abord que je prenne les ordres de M. le préfet. En attendant, veuillez placer vos escadrons au quartier de cavalerie; il est libre en ce moment, le 4e chasseurs étant au camp de Châlons. J'aurai l'honneur de vous communiquer les instructions de M. le préfet dès qu'elles me seront parvenues; mais je crois devoir vous le répéter : rien ne presse; prenez le temps de vous installer, et, si nous avons besoin de votre concours, je m'empresserai de vous en avertir au plus vite.

A quoi bon, dès lors, nous déranger? Il eût été beaucoup plus simple de nous laisser où nous étions, d'autant plus que le mouvement que nous venions d'effectuer ne nous avait pas sensiblement rapprochés du foyer de la grève et qu'il ne s'était pas accompli sans jeter une assez grande perturbation dans le détachement, surtout parmi les officiers. Ceux-ci n'avaient pas eu le temps de faire leurs malles; c'est à peine s'ils étaient pourvus des effets indispensables, et, comme leurs ordonnances avaient dû les suivre, le soin de mettre leurs affaires en ordre avait été abandonné aux propriétaires de leurs logements. Contrairement à ce qui a lieu d'habitude, les officiers mariés se trouvaient cette fois non pas, certes, les plus heureux, mais relativement les moins à plaindre.

Cependant, à Colmar on procédait à une installation aussi complète que possible du détachement. On touchait les fournitures, ce qui est toujours une opération fort longue; les cuisines étaient organisées; enfin, on prenait toutes les dispositions nécessaires en vue d'un séjour prolongé des escadrons dans leur nouvelle résidence.

Dans ces conditions, les officiers pouvaient espérer qu'il leur serait permis d'aller à Neuf-Brisach afin de mettre un peu d'ordre dans les logements si brusquement abandonnés. Mais cette autorisation, qu'ils réclamèrent à plusieurs reprises, ne leur fut jamais accordée.

Et, qu'on le remarque bien, il n'y avait rien à faire, qu'à promener les chevaux, ce qui avait lieu tous les jours pendant deux ou trois heures.

Ainsi se passèrent les journées des 10, 11, 12 et 13 juillet.

Enfin, le 14, vers midi, un ordre nous appelait à Schlestadt, où la portion principale du régiment tenait garnison.

Au moment où nous arrivions dans cette ville, vers 7 heures du soir, toute la population se tenait sur les places ou dans les rues. La rupture avec la Prusse était un fait accompli et la guerre officieusement déclarée.

Une activité extrême régnait dans le quartier. Le 1er escadron venait à l'instant même de partir pour

Strasbourg. Le 3°, qui arrivait de Colmar, recevait la même destination que le 1er, et devait se mettre en route dès le lendemain matin; les 4° et 5° activaient leurs préparatifs sans savoir encore où on les emploierait.

Enfin, mon escadron, le 2°, désigné pour former le dépôt, devait rester provisoirement à Schlestadt.

Du 15 au 22 juillet, le temps a été consacré exclusivement à la mobilisation de l'état-major du régiment et à celle des 4° et 5° escadrons. Ceux qui n'ont pas connu l'ancienne armée ne se douteront jamais des difficultés que présentait cette mise sur le pied de guerre. Je m'abstiendrai, d'ailleurs, de les rappeler, la chose étant aujourd'hui sans le moindre intérêt pour personne.

Le 22, le 4° escadron était envoyé à Benfeld, à moitié route de Schlestadt à Strasbourg.

Le 23, j'étais nommé sous-lieutenant au corps et classé justement à cet escadron, que je rejoignais presque aussitôt.

Un peu plus tard, le 5° escadron était détaché à Markolsheim, entre Schlestadt et Neuf-Brisach.

De telle sorte qu'à la fin de juillet, les escadrons mobiles du régiment se trouvaient échelonnés le long du Rhin depuis Neuf-Brisach jusqu'à Strasbourg.

Les ponts de bateaux ayant été repliés aussitôt après la déclaration de guerre, c'est-à-dire à partir du 19 juillet, cette surveillance du fleuve avait un caractère assez platonique.

A Benfeld, nous détachions un poste de vedettes au village de Rhinau, et notre unique occupation, en dehors de la promenade des chevaux, consistait à faire quelques rondes et patrouilles.

On pense bien que nous portions notre attention sur tout ce qui se passait de l'autre côté du fleuve, où, du reste, à l'exception de quelques douaniers et des pa*· *ans qui vaquaient comme d'habitude à leurs travaux, nous n'apercevions jamais personne.

A table, dans la meilleure auberge de l'endroit, la conversation roulait naturellement sur l'ennemi et, si, par hasard, l'un de nous risquait timidement quelques craintes au sujet du résultat de la campagne : « Vous verrez, disait mon brave homme de capitaine, les Prussiens ne tiendront jamais devant nos zouaves et nos turcos. On voit bien que vous ne connaissez pas ces gens-là. Ils ont battu, il est vrai, les Autrichiens à Sadowa; mais, vis-à-vis de nous, c'est une autre affaire! Vous verrez, dans quelques jours, la frottée qu'ils recevront! »

— Tenez, je vous le disais bien, s'écrie un beau matin le capitaine, au moment où nous allions nous mettre à table. Lisez ceci!

Et il nous tend triomphalement une feuille de chou de Strasbourg, dans laquelle se trouvait le récit de l'échauffourée de Schirlenhoff.

Une reconnaissance avait, la veille, été surprise dans ce hameau, situé à côté de Wœrth, par un peloton du 12º chasseurs. Deux ou trois des officiers qui la composaient avaient été tués, blessés ou faits prisonniers, ce qui était considéré comme une action des plus importantes. Mais ce qu'on se gardait bien de dire — sans doute parce qu'on l'ignorait — c'est que le commandant de cette reconnaissance, le capitaine comte de Zeppelin, de l'état-major wurtembergeois, avait réussi à s'échapper sain et sauf de la bagarre et qu'il rapportait au quartier général allemand les renseignements les plus précieux sur notre situation. Et cela était bien autrement important au fond que la capture faite par nos cavaliers de quelques personnages secondaires, notamment d'un officier anglais qui avait suivi la reconnaissance en simple amateur.

C'est dans cette affaire que fut tué le maréchal des logis Pagnier, du 12° chasseurs, la première victime de la campagne.

J'ai perdu à Benfeld mon premier second cheval. Aussitôt après ma nomination, j'avais choisi cette deuxième monture parmi les chevaux que le régiment avait reçus de la gendarmerie pour compléter ses effectifs. Presque tous ont mal tourné. Ils n'étaient pas, en général, assez entraînés pour faire campagne dans la cavalerie. Le mien est mort de congestion provenant de pléthore. Je l'ai immédiatement remplacé par un autre cheval venant également de la gendarmerie (c'étaient les seuls disponibles), qui m'a fait pourtant un assez bon service jusqu'à Sedan, où il est tombé au pouvoir de l'ennemi.

FRŒSCHWILLER

Le 3 août, en même temps que nous recevions l'ordre de nous tenir prêts à partir, nous apprenions par la voie de la décision et des journaux la nouvelle du combat heureux de Sarrebruck, que le colonel Rüstow a qualifié de « comédie ».

Hélas ! pour quelques-uns ce ne fut pas tout à fait une comédie ; mais ce combat bien inutile, en effet, au point de vue militaire, ne semble avoir été ordonné par le général commandant le 2ᵉ corps que pour offrir un spectacle d'un nouveau genre à son impérial élève. L'histoire a recueilli les propos de l'enfant en cette circonstance ; il paraît qu'ils furent les suivants : « Comme les balles sifflent ! » — ce qui pourrait faire supposer qu'il se promenait au milieu des tirailleurs. Espérons, quoi qu'on en ait dit, que ce n'étaient pas celles de l'ennemi que l'on entendait siffler. C'eût été trop imprudent d'exposer ainsi l'héritier du trône. Et, quelle que soit la sottise humaine, il est permis de croire qu'on l'a tenu soigneusement à l'écart, même des ricochets. En tout cas, l'intérêt dynastique le commandait impérieusement à son précepteur, et il est probable que celui-ci n'a pas failli à ses devoirs les plus élémentaires.

Le 4, après avoir été rejoints par le 5ᵉ escadron et l'état-major du régiment, nous nous transportions dans la petite ville d'Erstein, à vingt kilomètres environ au sud de Strasbourg.

Pendant que nous accomplissions ce trajet, par une matinée superbe, nous étions loin de nous douter que les hostilités véritables commençaient à la frontière et que les Allemands s'emparaient de Wissembourg, après avoir écrasé la division du général Abel Douay, tué pendant l'action.

A Erstein, rien ne vint troubler notre quiétude, et, le soir, réunis dans la grande salle du petit hôtel où nous avions dîné en commun tous les officiers de la colonne, nous causions en plaisantant, comme c'est l'usage lors des changements de garnison.

En fait, l'étape du matin et notre existence durant toute cette journée ressemblaient complètement à ce qui se passe d'ordinaire dans les voyages du temps de paix. A deux pas de l'ennemi, dans le voisinage d'un échec grave qui présentait tous les caractères d'une catastrophe, nous étions dans l'ignorance la plus absolue des événements et aussi tranquilles que s'il se fût agi d'aller tenir garnison à Strasbourg. La nuit fut aussi calme que le jour. Aucun ordre, aucun incident ne vint troubler notre repos.

Le lendemain 5 août, nous partions pour Strasbourg. A la première halte, pendant que les hommes visitaient les pieds des chevaux, replaçaient les couvertures et redressaient les paquetages, on vit tout à coup arriver une charrette de paysan, sur laquelle étaient assis deux soldats du 74ᵉ de ligne, précédemment en garnison avec nous à Neuf-Brisach. Ces hommes avaient encore leurs armes, paraissaient être fatigués et surtout un peu gênés de se trouver en notre présence.

— D'où venez-vous donc, mes amis? dit notre colonel, après avoir fait signe au paysan d'arrêter sa voiture.

— Mon colonel, nous venons de Wissembourg, où nous avons été battus hier.

— Comment, battus?... Expliquez-vous plus complètement, je vous prie.

Et, pendant que tout le monde faisait cercle autour de la charrette, ces hommes se mirent à raconter que leur régiment avait été surpris dans la matinée du 4 près de Wissembourg, qu'il y avait eu une grande bataille, et que tous leurs camarades étaient tués ou blessés. Pour eux, c'est à grand'peine qu'ils avaient pu échapper au massacre. Ils ne savaient plus où était leur compagnie, ignoraient ce qu'étaient devenus leurs officiers ; depuis la veille, ils erraient dans les bois, n'en pouvant plus de fatigue, et c'est pourquoi ils étaient montés sur cette voiture. Maintenant, ils s'en retournaient, s'ils pouvaient, à leur dépôt, à Neuf-Brisach.

Un moment, nous avons cru que c'étaient des traînards, des francs-fileurs ; mais sur ces entrefaites, d'autres paysans sont arrivés, qui ont confirmé la nouvelle de notre désastre. On a donc laissé partir les soldats, et nous avons nous-mêmes repris le chemin de Strasbourg.

Vers 11 heures, quand, par une chaleur étouffante et couverts de poussière, nous avons fait notre entrée dans la ville, il y régnait une animation extraordinaire. Toute la population se tenait dans les rues, discutant et gesticulant. Pendant que nous défilions, elle s'arrêtait, curieuse, pour nous regarder passer.

Nous sommes allés nous installer au bivouac sur les glacis près de la porte des Juifs. Quelques jours auparavant, nous avions reçu nos effets de campement, et, pour la première fois depuis la déclaration de guerre, nous avons dressé nos tentes. Cette installation a beaucoup amusé les enfants, et un grand nombre d'habitants, notamment des dames, sont aussi venus nous rendre visite.

Sauf les officiers de jour, restés au bivouac pour le surveiller, tous les autres ont dîné dans un hôtel voisin. Non loin de là, sur une place dont le nom m'échappe, la foule s'était accumulée et, dans les groupes qui se formaient, circulaient les nouvelles les plus contradictoires et aussi les plus extravagantes.

C'est ainsi que nous avons appris, vers 7 heures du soir, que, dans la matinée du même jour, le maréchal avait livré bataille aux Prussiens, dans les environs de Haguenau, et les avait complètement battus.

On citait le chiffre des pertes, celui des morts, des blessés, et, chose extraordinaire, on prétendait que nous leur avions fait 40.000 prisonniers ! Cette nouvelle aurait dû tout au moins paraître suspecte, surtout aux officiers ; elle était évidemment exagérée et même invraisemblable. L'armée du maréchal de Mac-Mahon, la nôtre, comptant à peine elle-même 40.000 hommes, ne pouvait guère, après l'avoir battu, faire 40.000 prisonniers à l'ennemi.

Mais la nouvelle n'était pas seulement exagérée, elle était encore absolument et doublement fausse. Ce jour-là, en effet, il n'avait été livré ni bataille ni combat. Il n'y avait même pas eu la moindre escarmouche ni en Alsace, ni en Lorraine. Cependant, on se montrait la dépêche du maréchal, on en faisait la lecture à haute voix au milieu des attroupements, avec force commentaires.

En réalité, cette dépêche n'était qu'une mystification ; elle avait été fabriquée par un des nombreux agents du service des renseignements que notre ennemi avait à sa solde. Le soir même, cet espion, qui occupait un rang élevé dans la hiérarchie des agents secrets, se rendait à Metz, où, deux ou trois jours plus tard, il tombait entre les mains de l'autorité militaire française qui le faisait fusiller. Au moment d'être exécuté, le misérable a fait des aveux complets. C'est ainsi qu'on a connu sa présence à Strasbourg pendant les journées des 4 et 5 août et le rôle qu'il y avait joué. Celui-là était un espion authentique. Il portait au cou, en signe de reconnaissance, une médaille particulière qui a permis d'établir son identité et le genre d'industrie auquel il se livrait. Aussi, on ne lui a pas fait grâce.

Dans la nuit du 5 au 6 août, pendant que nous étions encore bivouaqués sur les glacis de Strasbourg, un orage épouvantable vint s'abattre sur nos tentes. La pluie tombait à torrents, mêlée de grêle et accompagnée de coups de tonnerrre d'une violence rare. En un instant, les tentes, envahies par l'eau, n'étaient plus habitables ; les chevaux, effrayés par les éclairs, tiraient éperdument sur leurs entraves, arrachaient les piquets et galopaient, affolés, dans toutes les directions, poursuivis par les cavaliers, qui faisaient de vains efforts pour les rattraper. Enfin, c'était comme un déchaînement général de tous les éléments, et il régnait partout une confusion extrême. Mais on était à la belle saison, il faisait chaud, et l'averse pouvait, en somme, se supporter gaillardement.

Pendant ce terrible orage — on l'a dit, mais je ne garantis pas le fait — trois officiers d'infanterie, abrités sous la même tente, dans un des bivouacs établis sur les bords de la Sauer, auraient été frappés et tués par la foudre. Bien que celle-ci, cette fois, ne fît probablement que devancer de quelques heures l'œuvre réservée aux balles de l'ennemi, cet accident n'en produisit pas moins une impression des plus pénibles.

Vers 3 heures du matin, le ciel avait repris son aspect accoutumé, et, lorsque, vers 5 heures, nous quittions Strasbourg pour Haguenau, il faisait beau et bon, la pluie ayant abattu la poussière des jours précédents, lavé les routes et un peu rafraîchi la température.

En temps ordinaire, l'orage de la nuit aurait passé inaperçu. Dans les circonstances présentes, c'était comme un présage des événements qui se préparaient et que tout le monde sentait prochains.

A 8 heures, nous arrivions à Brumath où notre intention était de faire halte pour déjeuner. Mais déjà, du côté de Reichshoffen, par delà la forêt de Haguenau, on apercevait des nuages de fumée qui dénotaient une canonnade. D'ailleurs, le bruit des détonations, bien qu'un peu vague, ne permettait plus de douter qu'un combat ne fût déjà engagé sur ce point.

Les habitants, qui s'étaient portés en foule sur les hauteurs, à l'est de la ville, assuraient que l'action avait commencé vers 7 heures et qu'elle devait avoir lieu dans les environs de Wœrth.

Il convenait donc de filer au plus vite sur Haguenau, pour y prendre les ordres qui devaient sans doute nous y attendre. Du reste, on doit toujours marcher au canon, même sans ordres.

A 10 h. 1/2 environ, nous arrivions à l'entrée de la ville, au moment où une batterie de la 1re division du 7e corps, qui venait de débarquer du chemin de fer, s'y présentait également. Après une assez vive discussion avec notre colonel, qui voulait entrer dans Haguenau le premier, un officier du service des places décida que la batterie prendrait le pas sur nous, alléguant que son concours était plus urgent que le nôtre sur le champ de bataille, ce qui, d'ailleurs, paraissait rationnel et, au fond, était exact.

On nous fit arrêter pendant environ une demi-heure dans le quartier de cavalerie abandonné depuis quelques jours par le 2° lanciers, avec lequel nous formions brigade. Nous profitâmes de ce répit pour donner une poignée d'avoine aux chevaux et manger nous-mêmes un morceau sur le pouce. J'avalai, pour ma part, un cervelas et trois ou quatre bouchées de pain, après quoi nous nous remîmes en mouvement par la route de Niederbronn.

Devant nous marchait la batterie du 7° corps, puis un bataillon d'infanterie du 56° régiment. Il était près de midi. Nous n'allions pas très vite, à cause de l'encombrement de la route, parcourue d'un côté par les troupes mentionnées ci-dessus et, de l'autre, par des voitures du convoi et autres revenant du champ de bataille.

Au milieu de la forêt que nous traversions, la chaleur était accablante, les à-coups fréquents et pénibles; la sueur perlait sur tous les visages, surexcités par l'émotion, l'inquiétude et l'impatience d'arriver, de sortir de cet interminable défilé. Le bruit de la canonnade nous arrivait de plus en plus distinct, au fur et à mesure que nous avancions, toujours trop lentement à notre gré, et l'on sentait s'envoler dans l'espace, comme des bordées de projectiles qui devaient exercer de grands ravages.

Quelques voitures, filant vers Haguenau, passaient sur notre flanc gauche. Dans l'une se trouvaient plusieurs officiers blessés; dans une autre, un mulâtre : c'était Victor Cochinat, reporter d'un journal de Paris, le « Petit Journal », je crois. Un de nos camarades l'ayant arrêté pour lui demander des nouvelles de l'engagement : « Ça va bien, dit-il, on les tient dans une gorge et on leur en donne en veux-tu, en voilà! Vous arrivez au bon moment; la poursuite va commencer. » Et il repartit à fond de train dans la direction de Haguenau, où, probablement, il allait déposer une dépêche à l'adresse de son journal.

Cependant, plus nous avancions, plus les détonations devenaient distinctes et violentes, et plus aussi elles nous semblaient se rapprocher de notre flanc droit, ce qui n'était pas précisément un indice favorable.

Enfin, après un temps de trot, nous sortions des bois, et nous débouchions à hauteur de Mertzwiller, où se trouvait la queue d'une file interminable de voitures, occupant le côté gauche de la route et allant depuis la forêt jusqu'aussi loin que la vue pouvait s'étendre du côté de Reichshoffen.

Dans plusieurs de ces voitures se trouvaient de nombreux blessés, les uns ayant le bras en écharpe, d'autres la tête emprisonnée dans des mouchoirs, avec du sang sur tous leurs vêtements. Un lancier de notre régiment, les deux joues traversées par une balle qui lui avait fracassé la mâchoire tenait sa tête à deux mains, nous regardant passer sans pouvoir articuler un mot.

Nous continuions à avancer au pas, lentement, interrogeant du regard l'horizon vers notre droite, où des fantassins, le genou à terre, la crosse du fusil à la hanche, semblaient attendre le moment opportun pour ouvrir le feu.

Au même instant, quelques groupes de cavaliers, sortant du bois, venaient vers nous, paraissant hésiter sur la direction à prendre. Un officier de cuirassiers les précédait. Plusieurs de ces hommes étaient nu-tête; d'autres n'avaient qu'une seule épaulette; des lanciers étaient sans lance; d'autres n'avaient plus qu'un morceau de hampe à la main. Quant aux chevaux, couverts d'écume, efflanqués, le nez sur le poitrail, ils étaient aussi mornes que leurs cavaliers, dont quelques-uns, s'arrêtant par instant, jetaient de longs regards en arrière vers le bois d'où ils sortaient. C'étaient les débris de la brigade Michel, 8° et 9° cuirassiers, et des deux premiers escadrons de notre régiment, 6° lanciers, qui venaient de charger à Morsbronn.

Derrière eux arrivait bientôt le général Michel, nu-tête, suivi de son officier d'ordonnance, le lieutenant Répécaud, ce dernier en selle anglaise et coiffé d'un képi de troupe.

Arrivé à notre hauteur : « Tripard, jetez-vous à gauche, disait le général à notre colonel; portez-vous au delà de la voie ferrée; il n'y a plus rien à faire ici : c'est fini. » Puis, un moment après, lorsque déjà nous nous trouvions sur l'autre rive de la Zinzel : « Halte! front !... un instant... »

Sur la route, devant nous, le long convoi se tenait immobile, les voitures, serrées les unes contre les autres, ne pouvant faire demi-tour, malgré les cris d'un maréchal des logis chef du train qui ne cessait de répéter à tue-tête : « Demi-tour! Demi-tour! »

Pourquoi du reste, ce demi-tour? Sans doute parce qu'une autorité quelconque avait prescrit ce mouvement. Mais, en se repliant sur Haguenau, le convoi ne se serait pas trouvé à l'abri des coups de l'ennemi. Au contraire, il allait tout droit à sa perte. Seulement, personne, à coup sûr, n'en savait rien. Pour le moment, on ne voyait qu'une chose, c'est que ce convoi était menacé vers sa tête, qui se prolongeait du côté de Reichshoffen, où la fusillade continuait toujours, et c'est pourquoi on essayait de le replier. Mais, en réalité, il était menacé partout, à tel point qu'il est resté tout entier entre les mains de l'adversaire.

Pendant ce temps, les quelques cavaliers de notre régiment qui avaient échappé au massacre de Morsbronn étaient venus nous rejoindre, entre autres le trompette

Fürt et le brigadier Chapuis, ce dernier, monté sur un cheval du 13° hussards prussien, dont il s'était emparé sur le champ de bataille, après avoir perdu le sien, tué pendant la charge. Ce brigadier n'avait plus ni armes ni schapska. Fier avec raison de sa prise, il était, ainsi que le trompette Fürt — un grand diable d'Alsacien au teint basané — dans un état d'exaltation extrême. Les autres, une douzaine environ, ne disaient mot. Aux questions que leur adressa le colonel, ils ne firent que des réponses incohérentes, en concordance seulement sur un point : ils venaient de charger dans les bois, dans les houblonnières, au milieu de fantassins prussiens qui les tiraient au passage et les avaient complètement massacrés. A les entendre, tous les officiers étaient tués, ainsi que la plupart des hommes et des chevaux.

Ce récit, haché, sans précision, n'avait pas moins répandu l'inquiétude parmi nous et nous avait fait concevoir les craintes les plus vives pour le sort de nos infortunés camarades, dont aucun n'était revenu.

Mais le temps n'était pas aux commentaires. Il fallait prendre garde au spectacle qui se déroulait devant et autour de nous, et il n'était pas fait, malheureusement, pour réjouir la vue ni réconforter les cœurs.

Il pouvait être alors environ 4 heures, peut-être 5. Le canon avait presque cessé de se faire entendre, sauf du côté de Reichshoffen, où, comme dans une dernière convulsion, quelques bordées éclataient encore. Puis, de rares coups de fusil, tirés comme au hasard, un peu partout.

Devant nous, à droite, à gauche, aussi loin que la vue pouvait s'étendre dans ce terrain coupé, accidenté et couvert de bouquets de bois, des nuées de fantassins, par groupes ou isolés, le fusil sur l'épaule, s'en allaient, marchant péniblement et se dirigeant vers le sud-ouest. Bientôt, nous avons fait comme eux, suivant le général et marchant à travers champs, sans savoir où nous allions. Deux turcos, montés sur un baudet, qu'un troisième compagnon, à pied, tirait par la figure, se tenaient à la hauteur de notre colonne, tantôt sur le flanc, tantôt derrière, gesticulant et riant des embarras du pauvre animal. Ils criaient : « Aroua ! Aroua ! » C'était la note gaie dans cette épouvantable déroute, car notre retraite, en somme, n'avait pas d'autre caractère.

Jamais spectacle plus pénible et plus lamentable ne s'était offert à nos regards. Le soleil s'abaissait à l'horizon dans un ciel sans nuages. Derrière nous, le silence était devenu complet. On ne savait pas ce qui se passait sur ce champ de bataille, que nous n'avions fait qu'entrevoir, et où gisaient, au milieu des cadavres, tant de malheureux blessés ; mais personne ne pouvait se défendre contre un sentiment de profonde tristesse en songeant à toutes les angoisses auxquelles ces infortunés devaient être en proie. Que n'aurait-on pas donné à ce moment pour les recueillir, les soigner et les consoler ! Malheureusement, c'est toujours au vainqueur que ces devoirs incombent, et nous étions en pleine retraite !

« Halte ! dit tout à coup le général. Quelqu'un de vous a-t-il une carte ? Où sommes-nous ? La ligne de retraite n'a pas été indiquée, du moins je l'ignore. Il convient cependant de savoir où nous allons. »

Personne n'avait de carte.

Après un rapide examen de la situation, conformément à l'avis émis par quelques officiers, il fut convenu que nous nous dirigerions sur Saverne en passant par Bouxwiller. C'était la direction centrale, celle qui paraissait la plus rationnelle. D'ailleurs, le flot des groupes en retraite, sans évidemment savoir pourquoi, suivait d'instinct cette direction.

Quelques autres fractions, errant au hasard, se dirigèrent sur Strasbourg, d'autres sur Bitche.

La nuit était venue. On cheminait au pas, hommes et chevaux accablés de fatigue, à moitié endormis, malgré la gravité de la situation. De temps en temps, un coup de fusil, tiré on ne sait par qui, ni pourquoi, mettait pour un moment la colonne en éveil et en émoi. Mais personne, à coup sûr, ne songeait à la possibilité d'une attaque de la part de l'ennemi. Cependant, elle aurait pu se produire. On aurait donc dû la prévoir et prendre les mesures nécessaires pour y faire face, le cas échéant.

Vers minuit, nous traversions Bouxwiller, puis, un peu plus tard, nous quittions la route, pour nous établir au bivouac, dans des prés, le long de la Zorn, aux environs de Steinbourg.

La halte ne fut pas de longue durée. Au petit jour, après avoir assisté au défilé d'une masse de troupes de toutes armes, nous reprenions la route de Saverne, où nous arrivions bientôt au milieu d'un désordre difficile à imaginer, surtout à décrire.

Plus de 15.000 hommes de toutes armes et de tous les services encombraient les abords et les rues de la ville. Au moment où nous y rentrions, une altercation des plus violentes — on ne sait pour quel motif — avait lieu entre le colonel et le lieutenant-colonel du 11ᵉ chasseurs à cheval. Ce régiment appartenait à notre division, mais il avait opéré sa retraite pour son compte en même temps que le 3ᵉ hussards, avec lequel il faisait brigade.

Les hommes pénétraient dans l'intérieur des maisons en se poussant et se bousculant, sans doute pour y chercher des vivres, car personne n'avait rien pris depuis la veille, la plupart même depuis l'avant-veille, et le service des subsistances n'existait plus.

On ne pouvait guère, naturellement, s'arrêter là. Mais où aller? Personne n'en savait rien. Notre colonne, avançant péniblement au milieu de cette cohue, flottait au hasard, comme une épave battue par les vagues d'une mer en courroux. Cependant, après avoir réussi, tant bien que mal, à traverser la ville, on nous fit mettre pied à terre juste à hauteur de la maison d'Edmond About, qui se trouve au pied de la côte. Le célèbre écrivain, qui avait assisté la veille à la bataille de Forbach, se trouvait précisément chez lui au moment de notre arrivée. C'est par lui, d'ailleurs, que nous avons appris la défaite du 2ᵉ corps à Spickeren. Il vint au-devant de nous et, fort gracieusement, nous offrit l'hospitalité. J'ai pris là, pour ma part, un morceau de pain et un verre de vin dont je garderai éternellement l'agréable souvenir.

Pendant ce repos, le colonel avait envoyé un officier prendre les ordres du général qui paraissait exercer le commandement supérieur de tous les débris du 1ᵉʳ corps, et qui était, je crois, le général Ducrot. Quelques instants après, nous nous mettions en route pour Sarrebourg, ou plutôt pour aussi loin que nous pourrions aller.

Au sortir de Saverne, la route forme de nombreux lacets et la montée est rude. D'autre part, quoique de bonne heure, la chaleur était déjà accablante. Si, à ces circonstances peu favorables, on ajoute que nos chevaux n'avaient pour la plupart ni bu ni mangé depuis l'avant-veille, et qu'ils marchaient constamment depuis plus de vingt-quatre heures, il est facile de comprendre combien cette ascension a dû leur être pénible. Hélas! les pauvres bêtes n'étaient pas au bout de leurs peines, car, en arrivant à Phalsbourg, où nous comptions nous arrêter pour nous rafraîchir et nous refaire, nous avons trouvé les portes closes. Comme si nous avions été des pestiférés, à notre approche, le commandant de la place avait prescrit de lever les ponts, et, pour gagner la route de Sarrebourg, nous avons dû, après avoir parlementé en vain, contourner la ville par les glacis.

Ce petit incident, qui nous a paru alors une monstruosité, était au fond une mesure de la plus élémentaire prudence. Certes, nous n'étions pas des débandés, des traînards; au contraire, nous marchions dans l'ordre le plus parfait, et la discipline n'avait pas cessé un seul instant de régner dans les rangs, à tous les degrés de la hiérarchie. Mais on pouvait, à la vérité, même à juste titre, nous considérer comme des troupes en déroute, fort capables de se livrer à des excès de toutes sortes, notamment de semer le découragement parmi la population et la garnison d'une place animée jusque-là d'excellents sentiments et pouvant être appelée d'un moment à l'autre à passer par de rudes épreuves.

Il fallait donc à tout prix nous tenir à l'écart, éviter tout contact avec nous, d'abord pour ne pas ébranler le moral des défenseurs et des habitants de la ville, et surtout afin de conserver intactes les ressources en vivres, que nous aurions pu entamer, et qui leur étaient si nécessaires en prévision d'un siège, désormais certain.

Enfin, vers 2 heures de l'après-midi, nous arrivions à Sarrebourg. C'était un dimanche. Toute la population s'était rangée sur les trottoirs pour nous voir passer. On nous mit au bivouac sur le terrain de manœuvres, situé à l'ouest et près de la ville. En fait de vivres, nous étions dans le dénûment le plus complet; mais à peine étions-nous installés que la municipalité nous envoyait des provisions de toutes sortes. Dans la soirée, sans doute par ordre de l'administration militaire, peut-être aussi grâce à l'initiative de l'administration civile, des charretées de pain et de fourrage nous arrivaient de tous les villages des environs. De la ville, nos hommes recevaient de pleins chaudrons de soupe. Bref, après une disette de près de quarante-huit heures, nous nagions dans l'abondance.

Nous restâmes là pendant vingt-quatre heures, et les soins les plus empressés ne nous firent jamais défaut.

Cependant, les débris du 1er corps continuaient d'arriver, les uns s'arrêtant pour se reposer et se restaurer, d'autres poussant plus loin, on ne sait en vertu de quels ordres. Nous ne devions pas tarder à suivre le mouvement.

Le 8, à la tombée de la nuit, nous arrivions à Blâmont par une pluie battante. On nous fit bivouaquer dans un pré, au nord de la ville, où nous avions de l'eau jusqu'à la cheville. Malgré ces conditions déplorables, on parvint tout de même, tant bien que mal, à s'installer.

Pendant le trajet de Sarrebourg à Blâmont, nous avions été dupes d'une méprise assez bizarre. A un moment donné, le général avait fait quitter la route à la colonne, et nous nous étions formés en bataille face au nord, à 1.500 ou 1.800 mètres de bouquets de bois qui, de ce côté, bornaient l'horizon, et vers lesquels quelques officiers d'ordonnance, entre autres le lieutenant d'état-major Rollet, furent envoyés en reconnaissance au galop. Dans les rangs, on se demandait curieusement ce qu'il pouvait y avoir de nouveau dans cette direction, où l'on n'apercevait rien d'insolite. L'ennemi se trouvait-il donc déjà à notre hauteur, sur notre flanc et si près de nous? Sans doute, la chose n'était pas impossible, d'autant moins qu'au même instant on entendait gronder le canon du côté de Phalsbourg.

Mais la vérité, qu'on connut bientôt, c'est qu'il n'y avait rien dans les bois suspects, ni au delà, sinon un troupeau de vaches que, de loin, notre état-major avait pris pour un détachement de cavalerie. Si, pendant sa marche, la colonne s'était fait éclairer sur ses flancs, cet incident, quelque peu ridicule, ne se serait certainement pas produit.

Ce jour-là, au moment où nous traversions Blâmont pour aller nous installer au bivouac, j'achetai, à tout hasard, deux bouteilles de vin, que je mis dans mon bissac, et un fagot de bois sec, que mon ordonnance prit sous son bras. Il faut dire qu'étant alors troisième sous-lieutenant de l'escadron je n'avais pas de commandement effectif, et que, pour ce motif, mes camarades m'avaient chargé des soins de la popote. En arrivant au bivouac, je m'occupais donc à peu près uniquement de la préparation de nos repas. Par la pluie, surtout lorsqu'elle tombe à torrents et que le sol est un vrai lac, cette tâche n'est pas précisément une sinécure. Néanmoins, cette fois, grâce au fagot et aux bouteilles que j'avais eu la précaution d'acheter en passant à Blâmont, je pus allumer du feu dès la descente de cheval et servir tout de suite un verre de vin chaud à mes camarades, émerveillés de ce tour de force.

Dans les circonstances présentes, mon vin chaud eut un succès prodigieux. Qu'il eût été préparé suivant toutes les règles voulues, je me garderais bien de l'affirmer! Mais, à défaut d'autre mérite, il avait celui d'arriver à point. Or c'est là l'essentiel, même en fait de cuisine.

A propos de cuisine, le bivouac de Blâmont devait me fournir l'occasion de constater combien est mauvaise la viande chaude, c'est-à-dire la viande d'une bête qu'on vient de tuer à l'instant.

Avant de partir de Sarrebourg, et dans l'ignorance où nous étions de notre prochain départ, qui devait être inopiné comme presque toujours, j'avais été envoyé, avec les fourriers des escadrons, au parc de l'administration, pour y chercher la viande nécessaire au régiment. Mais, en fait de viande, il n'y avait que des bêtes sur pied. « Prenez-en une, me dit l'officier du service des subsistances auquel j'avais remis mon bon de distribution. Choisissez celle que vous voudrez. Prenez un bœuf ou une vache, à votre convenance. Le poids répond à peu près à la quantité de viande qui vous revient. Faites votre choix. » En conséquence, les hommes de corvée se mirent à courir après le troupeau et saisirent une vache, qu'ils amenèrent au bivouac. Malheureusement, au moment où nous y arrivions, le régiment se préparait à partir pour Blâmont. Il fut donc décidé que nous attacherions l'animal à une de nos voitures régimentaires et qu'on l'abattrait en arrivant à destination.

C'est ainsi, en effet, que les choses se passèrent. Mais cette vache, abattue et dépecée dans des conditions déplorables, après avoir fait une étape et au milieu d'un lac de boue, ne devait nous donner qu'une viande détestable. Je ne sais même pas si elle put servir à faire la soupe. En tout cas, le lendemain matin, au moment de la levée du camp, il en restait des débris dans tout le bivouac. Aussi, j'ai toujours regretté d'avoir traîné cette pauvre bête après nous, et ce souvenir m'est encore odieux à l'heure où j'écris ces lignes.

Pour la nuit, il fut commandé un certain nombre de patrouilles. Chargé de l'une d'elles, je devais partir à 10 heures par la route d'Avricourt. Au moment de me mettre en marche, la pluie avait cessé de tomber, mais il faisait un vent énorme, et le ciel était toujours plus noir que de l'encre de Chine. Quatre cavaliers m'accompagnaient. Je les disposai de la façon suivante : deux devant moi, à huit ou dix pas; les deux autres derrière, à même distance. Les premiers devaient marcher le pistolet haut, s'arrêter tous les trois ou quatre cents pas, écouter un instant, puis se remettre en mouvement d'eux-mêmes, sans attendre d'ordre. En patrouille, la nuit, il faut éviter de causer, même à voix basse.

Nous marchions ainsi depuis assez longtemps, et nous étions arrivés vers le milieu du village de Repaix quand, observant à droite et à gauche, je remarquai une maison où il y avait de la lumière et où l'on semblait faire du bruit. Je m'arrête alors pour écouter, mes hommes en font autant; puis, sans rien dire, je tire mon revolver de la fonte, je range mon cheval contre la porte de la maison, et, déchaussant l'étrier droit, je donne dans cette porte un grand coup de pied.

Les voix se taisent, la lumière disparaît; je frappe de nouveau, la porte finit enfin par s'ouvrir, et une femme apparaît qui, après m'avoir considéré un instant, me demande qui je suis et ce que je veux.

Je venais de m'apercevoir que cette maison était une auberge.

— Je veux, dis-je à cette femme, savoir ce qui se passe dans votre établissement à cette heure indue. Vous avez des clients, je le sais; vous allez les faire sortir et me les amener tout de suite.

On se fit naturellement un peu prier. Enfin, trois ou quatre hommes se montrèrent, et je constatai que c'étaient des lanciers du 2ᵉ régiment, c'est-à-dire des cavaliers de notre brigade. Ils étaient en petite tenue et avaient quitté le bivouac, en quête, évidemment, de victuailles.

— Vous allez, dis-je à ces hommes, vous placer

devant mon cheval, sur un rang, et vous m'accompagnerez jusqu'à nouvel ordre.

« Jusqu'à nouvel ordre », cela voulait dire jusqu'à mon retour au camp, et, pour le moment, je me dirigeais du côté opposé. Aussi mon injonction ne m'a pas semblé plaire beaucoup à mes nouveaux compagnons. Mais il a bien fallu s'y conformer.

Nous cheminions ainsi, en silence, les chevaux et les hommes à pied pataugeant horriblement, nous arrêtant de temps en temps, écoutant, puis repartant, quand, tout à coup, mes deux éclaireurs poussèrent en même temps un formidable qui-vive, firent feu simultanément sans attendre la réponse et firent demi-tour à fond de train. En passant, ils faillirent me renverser.

M'étant arrêté pour écouter, les deux affolés sont revenus auprès de moi, et j'ai pu alors les questionner pour savoir ce qu'ils avaient vu et sur qui ou sur quoi ils avaient tiré.

— Il y a quelqu'un là, devant nous, sur la route.

— Qui ? Voyons, expliquez-vous !

— Un homme à pied.

Je m'avançai, au pas, fouillant de tous mes yeux l'obscurité profonde, le revolver au poing, et je ne tardai pas à découvrir, en effet, un homme, un paysan, qui s'était blotti derrière un des arbres qui bordent la route.

— Que faites-vous là ? lui dis-je d'un ton irrité. Avancez au milieu du chemin ? Est-ce sur vous que l'on a tiré ? Pourquoi n'avez-vous pas répondu au qui-vive de mes hommes ? Qui êtes-vous ? D'où venez-vous à cette heure, et où allez-vous ?

Tout en lui posant ces questions, j'avais pris la précaution de faire miroiter mon revolver aux yeux de cet homme, pour bien lui montrer que je ne plaisantais pas et qu'à la moindre hésitation, au plus petit signe suspect, je le déchargerais sur sa figure.

— Monsieur, me répondit-il, je suis un habitant de Blâmont, je viens de la foire d'Avricourt et je rentre chez moi. Vous m'excuserez si je n'ai pas répondu au cri de vos cavaliers, mais j'ai été surpris, et puis je ne savais trop quoi répondre.

— Avez-vous été touché? Etes-vous blessé?

— Non, j'ai seulement entendu siffler les balles.

— Eh bien, j'en suis fâché pour vous, mais vous allez me suivre. Quand nous aurons suffisamment patrouillé, je vous ramènerai à Blâmont et je m'assurerai alors de votre identité.

Ce qui fut fait.

Pendant cette algarade, les hommes que j'avais cueillis à Repaix s'étaient éclipsés, se jetant dans les fossés de la route aux coups de feu de mes éclaireurs et disparaissait ensuite dans l'ombre de la nuit.

Je ne cherchai pas à les rattraper, ce qui eût été d'ailleurs bien difficile à cause de l'obscurité et le terrain étant, en outre, très coupé et très couvert.

En abandonnant le bivouac, ces hommes avaient commis une faute qui pouvait leur coûter cher. En effet, sans la sotte conduite de mes éclaireurs, on les aurait probablement traduits devant le conseil de guerre pour abandon de leur poste en présence de l'ennemi et — qui sait? — condamnés peut-être à la peine de mort. C'est égal, ils ont dû avoir une fière peur!

Le 9, nous sommes montés à cheval de bonne heure pour aller à Lunéville. Il a plu presque pendant toute la durée de l'étape. Dans les villages que nous avons eu à traverser au cours de cette marche, les habitants se sont montrés si généreux à l'égard de nos hommes, leur offrant du pain, du vin et toutes sortes de choses, que nous avons eu toutes les peines du monde à maintenir la discipline. Invités d'une façon pressante à prendre ce qu'on leur tendait de tous les côtés à la fois, les hommes, d'abord hésitants, finissaient par s'arrêter, surtout pour boire, et il fallait user presque de violence pour les obliger à marcher, à reprendre leur place dans la colonne, mise par ce fait dans le plus grand désordre.

Certes, en agissant ainsi la population ne croyait pas mal faire. Au contraire, elle pensait nous obliger grandement. Mais, en réalité, elle nous rendait le plus mauvais service. Au surplus, à cette date, les hommes ne souffraient d'aucune privation, ils avaient des vivres en abondance et nous étions assurés d'en trouver en arrivant au gîte.

Il n'y avait donc pas de raison pour se livrer à la mendicité le long des routes, ni pour accepter n'importe quoi en traversant les localités.

Même en cas de nécessité, ce spectacle est toujours répugnant. Dans les circonstances présentes, il avait tous les caractères d'un crime, dont la responsabilité retombe entièrement sur ceux qui n'ont pas su le prévenir ou qui ont négligé de le réprimer comme il méritait de l'être.

A Lunéville, notre bivouac a été installé au Bosquet, près du château, et nous y avons reçu de nombreuses visites.

Le 10, vers 11 heures du matin, nous quittions Lunéville pour nous rendre à Bayon. Il pleuvait encore à torrents quand nous sommes arrivés au bivouac, qui a été installé dans les champs au delà de la Moselle, sur la route d'Haroué.

Comme à Sarrebourg, les vivres nécessaires à notre subsistance nous ont été apportés des localités environnantes. Nous en avons reçu même en trop grande quantité, car le lendemain matin, au moment de la levée du campement, plusieurs tas de gros pains ronds sont restés abandonnés sur la berge des fossés de la route. En vain a-t-on prescrit aux hommes de les enlever, de les mettre dans leurs bissacs : l'ordre n'a été qu'en partie exécuté.

Pour expliquer cet abandon, non pour le justifier, on pouvait à la rigueur invoquer l'état du bivouac, qui n'était qu'un lac de boue.

Cette installation déplorable avait encore donné lieu à des gaspillages d'autres sortes.

A notre arrivée, des gerbes de blé fraîchement coupé couvraient tout un champ voisin de l'emplacement que nous occupions. En un instant, ces gerbes furent enlevées, apportées dans le bivouac, déliées et jetées les unes en pâture aux chevaux et les autres sous les tentes pour servir aux hommes de paille de couchage. Le propriétaire ayant porté ses doléances au général, ce dernier a prescrit que les gerbes seraient immédiatement restituées. Mais déjà plus de la moitié étaient détruites.

Le matin, quand il a fallu se préparer à partir, le camp était un véritable bourbier. On ne voyait plus les piquets, ni les entraves, ni les cordes de bivouac. Aussi, c'est au prix de difficultés inouïes que tous ces objets, surtout les cordes, ont pu être arrimés sur les paquetages. Si les officiers n'avaient pas insisté pour l'enlèvement de ce matériel, gênant, sale et raidi par la pluie, il serait resté certainement tout entier sur le terrain.

De Bayon, nous sommes allés à Colombey-les-Belles, en passant par Vézelise, où nous avons fait une halte assez longue, pendant laquelle quelques-uns de nos hommes, abusant de l'hospitalité inconsciente des habitants, se sont abominablement grisés.

Arrivés à Colombey le 11, vers 2 heures de l'après-midi, nous y sommes restés près de deux jours.

C'est là, dans un champ à l'ouest de la ville, où nous bivouaquions, que mes camarades d'escadron ont enterré leurs schapskis. Je n'ai pas cru devoir m'associer à un acte que je blâmai alors et qui, considéré à distance, me paraît encore beaucoup plus répréhensible.

Si j'ai eu tort de ne pas faire comme mes camarades, c'est-à-dire de m'isoler, je crois néanmoins avoir bien agit, et cela suffit à ma conscience.

Quand, au début de la guerre, pendant la période de concentration, on avait vu les fantassins jeter leurs schakos le long des routes, dans les fossés ou dans les champs, la presse avait applaudi à outrance, mettant tout au compte de l'enthousiasme. En réalité, cette action constituait bel et bien un acte d'indiscipline au premier chef, car les hommes n'agissaient ainsi que pour se débarrasser d'une coiffure incommode. Les chefs ne l'ignoraient pas; mais, au lieu de sévir, ils fermaient les yeux.

Evidemment, le schako était une coiffure gênante et, en outre, inutile, qu'on aurait mieux fait de laisser à la garnison. Mais, du moment qu'on l'avait emportée, qu'elle était réglementaire, il fallait la conserver, ou bien la renvoyer dans les dépôts par ordre de l'autorité supérieure. Quant à la jeter au vent, comme on l'a fait, c'était une faute impardonnable, moins grave, cependant, que l'enterrement de nos schapskis à Colombey. En effet, ici le mauvais exemple venait de haut, et il s'aggravait encore de cette circonstance que nous étions en pleine retraite.

Je cite ce fait pour bien marquer à quel degré d'aberration le malheur peut conduire ceux qui n'ont pas été préparés, par une éducation appropriée, aux dures épreuves de l'adversité. Comment expliquer autrement cet acte des plus repréhensibles, sinon par l'inconscience que ceux qui l'ont accompli pouvaient avoir de sa gravité? Il est évident qu'en agissant comme ils l'ont fait, mes camarades ne croyaient pas commettre une faute contre la discipline.

Heureusement que les hommes n'ont pas suivi cet exemple!

Depuis, je me suis souvent demandé ce que ces coiffures avaient bien pu devenir. Certainement, on a dû les retrouver en labourant. Et qui sait? Peut-être les belles filles de Colombey se sont-elles parées de ces dépouilles quelque beau soir de carnaval! Heureux schapskis!

Le 13, nous sommes allés à Neuf-Château. Nous y avons été ralliés par le 10e dragons, qui faisait partie de notre brigade, et qui, retenu jusque-là dans l'intérieur par les grèves, était alors en marche pour rejoindre sa division. Notre défaite devait lui épargner un bon bout de chemin. Commandé par le colonel Perrot, ce régiment était superbe. Sa tenue formait un contraste frappant avec celle de nos malheureux débris.

Comme ce jour-là était un dimanche et qu'il faisait un temps splendide, la pluie ayant cessé de tomber depuis l'avant-veille, notre bivouac a reçu de nombreux visiteurs.

Le 14, le gros de notre division a été dirigé sur Joinville, par Andelot. Désigné pour escorter l'artillerie du général Forgeot, qui, la veille, avait couché au village de Coussey, mon régiment, le 6e lanciers, s'est rendu avec cette artillerie à Dainville-aux-Forges, où il a fait étape.

Le 15, nous sommes allés à Joinville, par Poissons, toujours escortant l'artillerie. Arrivés à Joinville, nos escadrons ont été détachés dans les villages de Vecqueville, d'Antigny-le-Grand et d'Antigny-le-Petit, situés à trois ou quatre kilomètres sur la route de Saint-Dizier. Pour ma part, j'étais à Vecqueville où, pour la première fois depuis Erstein, c'est-à-dire depuis onze jours, nous avons pu goûter les bienfaits du cantonnement.

Comme partout d'ailleurs, on nous a fait dans ce village un accueil des plus empressés ; le maire nous a offert à dîner et nous a traités de la façon la plus aimable. Quant aux hommes et aux chevaux, ils ont tous été nourris par les habitants chez lesquels ils étaient logés. Le soir, en compagnie du maire et des notables de l'endroit, nous sommes allés voir les « chevaux de bois », car c'était la fête de l'Assomption et, par-dessus le marché, celle de l'Empereur. On ne se serait pas douté que nous venions d'essuyer de grands revers et que l'ennemi s'avançait dans l'intérieur du pays, nous suivant à quelques journées de marche.

Assurément, les habitants ne s'attendaient pas à l'invasion ; ils avaient toujours une grande confiance dans l'armée qui combattait alors sous Metz, et ils espéraient qu'une victoire suffirait pour rétablir nos affaires. En un mot, ils étaient encore pleins d'illusions. Nous-mêmes, d'ailleurs, nous n'avions pas la moindre idée du véritable état des choses. Sans nouvelles de l'ennemi qui nous avait chassés d'Alsace, sans nouvelles également de l'armée de Metz, nous accomplissions tous les jours nos étapes rétrogrades sans savoir la veille où nous irions le lendemain, et, il faut bien le dire aussi, parce que telle est la vérité, sans nous en soucier beaucoup.

Le lendemain 16, nous sommes partis de nos cantonnements à 6 heures du matin, nous dirigeant sur Saint-Dizier. Mais, à peine avions-nous fait deux kilomètres qu'un officier supérieur d'artillerie est venu nous dire : « On fait demi-tour ; on revient sur Joinville ; il paraît que les Prussiens sont déjà arrivés à Saint-Dizier. » En effet, un moment après cet avertissement officieux, nous recevions l'ordre de revenir sur nos pas.

Arrivés à Joinville, nous n'avons trouvé aucune instruction particulière, de sorte qu'on ne savait plus que devenir. En attendant, on a mis pied à terre sur la route, à l'entrée de la ville. Les racontars les plus extraordinaires faisaient le tour du régiment.

On disait que le maréchal de Mac-Mahon était arrivé à Joinville dans la nuit, avec son état-major; qu'il en était reparti à 4 heures du matin se dirigeant sur Bar-sur-Aube, où les débris de son corps d'armée devaient le rejoindre. Mais personne n'avait particulièrement été chargé de communiquer cet ordre et d'en assurer l'exécution.

On disait encore que les Prussiens avaient réussi à nous devancer, qu'ils étaient déjà sur notre ligne de retraite, qu'on en avait vu à Saint-Dizier, ailleurs aussi. Enfin, sans vouloir paraître inquiet, on l'était pourtant, et chacun se demandait si l'on n'allait pas bientôt sortir de cette indécision.

Fatigué d'attendre, le colonel Tripard me dit : « Allez trouver le maire et prévenez-le que je me dirige avec le régiment sur Bar-sur-Aube. »

Je me rendis donc chez le maire pour lui communiquer la décision qu'en l'absence de tout ordre le colonel venait de prendre : « Si quelqu'un demande où nous sommes, dis-je à ce magistrat municipal, vous aurez l'obligeance de faire connaître que le 6⁰ lanciers est en route pour Bar-sur-Aube. »

Mais, au moment où je regagnais le régiment, qui n'était pas encore sorti de la ville, le colonel avait déjà reçu l'ordre de s'arrêter. En même temps, on voyait arriver d'autres troupes de cavalerie : les 3⁰ hussards et

11° chasseurs, le 2° lanciers, des dragons, des cuirassiers, bref, toute notre division. On nous mit au bivouac au sud de la ville, près de la gare, et nous y sommes restés jusqu'au lendemain.

Pendant que nous étions là, le long de la voie ferrée, des trains passaient sans cesse, filant vers le nord. Ils étaient bondés de troupes du 5° corps, que l'on transportait au camp de Châlons.

Le 17, notre division s'est aussi portée vers le nord, formée en plusieurs colonnes. Celle dont faisait partie le 6° lanciers se trouvait placée sous les ordres du général de Septeuil, commandant de la brigade légère. Nous avons suivi l'itinéraire Vassy-Eclaron, marchant constamment au pas, et nous sommes venus bivouaquer sur les bords de la Marne, à hauteur de Larzicourt. Cette marche, exécutée en plein jour, par une chaleur intense, a été extrêmement pénible.

J'avais alors pour capitaine commandant un excellent homme qui dormait à peu près constamment pendant toute l'étape. Nous nous amusions beaucoup — les jeunes gens sont sans pitié — à le voir dodeliner de la tête et s'en aller en zigzag d'un bord à l'autre de la route.

Dormir à cheval n'est certes pas un crime, cela peut arriver à tout le monde, surtout lorsqu'il fait très chaud et que l'on va constamment au pas. Le malheur est que ce petit défaut a un grand inconvénient : c'est une cause de blessures pour les chevaux.

Est-ce pour ce motif ou pour un autre? Toujours est-il que notre capitaine avait depuis plusieurs jours déjà l'une de ses montures indisponible et qu'en arrivant à Larzicourt son deuxième cheval se trouvait également blessé au point de ne pouvoir plus être monté au moins pendant un certain temps.

Le lendemain, sur la proposition du chef d'escadrons, le colonel a refusé de lui laisser monter un cheval de troupe, et il a donné le commandement de l'escadron au capitaine en deuxième. Cette mesure nous a paru excessive et arbitraire. C'était infliger à ce brave officier une humiliation qui aurait pu avoir des conséquences regrettables. Le capitaine a protesté, il est vrai, mais il s'est soumis aux ordres du colonel, et il a fait l'étape dans la voiture de la cantinière. En le voyant dans cet équipage, on pouvait le croire blessé, ce qui sauvait les apparences. N'importe, son amour-propre a dû joliment souffrir !

Ce jour-là, 18 août, nous nous sommes dirigés sur Châlons, par la rive droite de la Marne. En traversant Vitry-le-François, nous avons appris le résultat sommaire de la bataille de Rezonville, considérée comme un succès pour nos armes. Le soir, nous bivouaquions dans un champ, aux abords de la route de Châlons, à hauteur du village de Sarry et à quatre kilomètres environ de la ville.

Le 19, après avoir traversé Châlons et fait une courte halte à La Veuve, sur la route de Reims, nous sommes venus prendre notre bivouac dans un champ, entre Livry et le Petit-Mourmelon, au bord et sur la rive gauche de la Vesle. Il faisait toujours un temps superbe, mais un peu chaud.

Nous sommes restés là pendant deux jours, un peu à l'écart du camp de Châlons et sans trop savoir qu'une armée nouvelle était en train de s'y former.

Le 20, mon escadron, le 4°, a été désigné pour servir d'escorte au maréchal de Mac-Mahon, commandant de cette armée. Il s'est rendu, dans la journée, à son nouveau poste, au grand quartier général, où j'ai eu le regret de ne pas le suivre, le colonel m'ayant conservé à la portion principale du régiment pour me donner, en ma qualité de troisième sous-lieutenant, le commandement d'un peloton formé avec les débris de ños 1ᵉʳ et 3ᵉ escadrons, si maltraités à Frœschwiller. De ces débris, je n'ai gardé que les hommes et les chevaux en état de continuer la campagne, et, dans la nuit qui a suivi, vers 1 heure du matin, j'ai embarqué à la gare du Petit-Mourmelon, à destination de Paris, tout ce qui était indisponible, plus les cantinières dont on avait prescrit de se débarrasser.

Dans l'après-midi de ce même jour, le prince impérial est venu visiter notre bivouac, accompagné de son écuyer, M. Bachon, je crois. C'est la première fois que je voyais le prince, malgré mes dix ans de service. En dehors du colonel, qui est allé au-devant de lui, comme c'était son devoir, personne ne s'est dérangé pour le recevoir et lui faire les honneurs du camp. Aucun cri n'a été poussé sur son passage. Les hommes regardaient le prince avec curiosité, mais dans un profond silence. En somme, l'accueil a été glacial. On ne lui en voulait pas pourtant. Ce prince n'était pour rien dans nos désastres, et personne ne songeait assurément à lui en imputer la responsabilité, ni à lui en faire supporter les conséquences. Mais l'enthousiasme avait disparu; l'armée était triste, accablée sous le poids de ses récentes défaites et pleine d'angoisse pour l'avenir, dont, malgré tout, on se préoccupait, et qui paraissait bien sombre.

ARMÉE DE CHALONS. Ier CORPS

L'armée de Châlons, forte d'environ 120.000 hommes, se composait de quatre corps : 1er corps, général Ducrot ; 5e corps, général de Failly ; 7e corps, général Félix Douay ; 12e corps, général Lebrun.

La division de cavalerie du 1er corps comprenait toujours : les 8e et 9e cuirassiers, brigade Michel ; les 2e, 6e lanciers et 10e dragons, brigade de Nansouty ; le 3e hussards et le 11e chasseurs, brigade de Septeuil. Mais, par suite des pertes éprouvées à Frœschwiller, cette division était fort réduite. Les 8e et 9e cuirassiers ne formaient plus qu'un seul régiment, placé sous le commandement du colonel Guiot de La Rochère. Le 6e lanciers, qui fournissait l'escorte du maréchal, avait à peine un escadron et demi avec le colonel. Le 2e lanciers n'était pas non plus tout à fait intact. Seuls, les 10e dragons, 3e hussards et 11e chasseurs se trouvaient encore au complet. De sorte que, bien que comprenant des hommes et des chevaux de sept régiments différents, la division n'avait guère à l'effectif que la valeur de cinq régiments, soit environ vingt escadrons.

Elle était commandée par le général Duhesme, qui, très malade, devait bientôt nous quitter pour se rendre à Paris, où il est mort, je crois, le 25 août, en y arrivant. Le général Michel, le plus ancien des trois brigadiers l'a remplacé.

Le 21 août, l'armée a quitté le camp pour se rendre

à Reims et dans les environs. Pendant que le 1ᵉʳ corps effectuerait son mouvement, sa division de cavalerie devait marcher à l'arrière-garde. Nous n'en sommes pas moins montés à cheval vers 6 heures du matin, au moment où les premiers éléments de notre infanterie se mettaient eux-mêmes en marche. Or, comme notre régiment devait suivre la route près de laquelle nous étions bivouaqués, nous sommes restés là pendant plus d'une heure, toujours à cheval, à contempler ce défilé, attendant que notre tour arrive de prendre place dans la colonne. Mais il était évident que nous aurions à attendre longtemps encore, puisque nous formions l'arrière-garde d'un corps d'armée qui s'écoulait par une seule route. Heureusement que quelqu'un en a fait la remarque et qu'à la suite de cette observation on s'est décidé à nous faire mettre pied à terre, sans quoi nous serions restés à cheval, sans bouger, et sans la moindre nécessité, pendant au moins cinq ou six heures : lorsque nous avons pris la queue de notre corps d'armée, il était en effet près de midi, peut-être même un peu plus tard.

Ceci montre, une fois de plus — car ce n'est pas moi qui le constate le premier — qu'au moment de la guerre de 1870, aussi bien d'ailleurs que pendant les guerres du premier Empire, les ordres de marche étaient donnés d'une façon peu judicieuse, on pourrait même dire en dépit du bon sens.

Du reste, avait-on seulement donné des ordres à notre régiment pour la marche du 21? Après ce qui s'est passé, on pourrait presque en douter. Je sais bien qu'à la guerre — nous l'avons appris depuis à nos dépens — les parties de drogue sont la règle générale. Mais celle que nous avons dû faire, ce jour-là, par ignorance, négligence ou routine invétérée, dépassait par trop la mesure.

Enfin, quand nous avons quitté le bivouac, nos chevaux étaient sellés et nos hommes sous les armes depuis plus de six heures. Pour comble d'infortune, nous n'avions pas mis assez d'espace entre la queue de l'infanterie et nous, de sorte que nous ne pouvions aller que très lentement et que, souvent même, nous avons dû nous arrêter.

C'est pendant une de ces haltes qu'un malheureux lièvre, poursuivi par quelques cavaliers à pied, est venu, affolé, se jeter dans un groupe d'officiers qui l'ont assommé à coups de sabre. Le lieutenant-colonel de Landreville, de notre régiment, s'est tout particulièrement distingué dans cette chasse imprévue.

Un peu avant d'arriver à Sillery, un officier d'ordonnance est venu dire au colonel que l'Empereur était derrière nous, qu'il allait passer dans un instant et que nous aurions à lui rendre les honneurs. Il y a eu un moment d'émotion explicable. Enfin nous nous sommes formés en bataille sur un des côtés de la route, et le colonel nous a vivement recommandé de crier : « Vive l'Empereur ! » au passage du souverain.

Bientôt un peloton de guides, précédant le cortège impérial, passait, rapide, devant nous. Venait ensuite un landau dans lequel se trouvait l'Empereur, ayant à sa gauche le prince impérial et en face deux généraux aides de camp.

Je vois toujours cette voiture comme si je l'avais encore devant les yeux. Je n'avais jamais vu l'Empereur. Aussi je l'ai regardé avec une grande attention. Il était plutôt couché qu'assis sur son siège et avait l'air profondément affecté et affaissé. Son visage, couleur de cire, m'a paru bouffi, tuméfié ; son regard vague, incertain. En somme, il répondait très exactement à l'idée qu'on pouvait s'en faire par la vue de son portrait ou de sa photographie, avec quelque chose de plus triste, de plus fatigué, de plus éteint.

Le prince impérial se tenait debout, son mouchoir sous son képi pour lui servir de cache-nuque.

Une deuxième voiture, suivant celle de l'Empereur, était occupée par des aides de camp et des officiers d'ordonnance.

Puis venait le reste de l'escadron des guides, qui fermait la marche. L'escorte allait au galop, soulevant des tourbillons de poussière. Les voitures, lorsqu'elles sont passées devant nous, marchaient seulement au trot.

Malgré les recommandations du colonel, et en dehors de lui, personne n'a soufflé mot; aucun cri n'a été poussé. On aurait pu croire à un accord prémédité, à une conspiration du silence. Mais non, il n'en était pas ainsi. On n'a rien dit parce que, dans les circonstances présentes, chacun a senti qu'il était plus digne de se taire. Les acclamations ne doivent pas être commandées; elles doivent surgir d'elles-mêmes, d'un mouvement spontané, inspiré par les circonstances. J'avoue qu'il m'eût été impossible d'ouvrir la bouche. Nous étions plusieurs officiers auprès du colonel. Lui seul a crié : « Vive l'Empereur! » sans éveiller le moindre écho. D'ailleurs, il lui était impossible de faire autrement. Nous aurions bien voulu faire comme lui, surtout pour lui être agréable. Malheureusement, tout est resté dans notre gorge. Ce silence était significatif!

Vers 5 heures du soir, nous nous sommes installés au bivouac près du village de Taissy, au sud-ouest de Reims.

Nous y sommes restés jusqu'au matin du 23, toujours dans l'ignorance la plus complète du rôle qui nous était destiné.

Le 23, vers 10 heures, nous nous sommes mis en mouvement dans la direction de l'est; et, le soir, nous bivouaquions près de Bétheniville, sur la rive gauche de la Suippes, après avoir marché toute la journée à travers la Champagne Pouilleuse, en passant par Nauroy et laissant Beine à notre gauche.

On avait fait ce jour-là une première fournée de promotions dans tous les corps pour combler les vides qui y existaient depuis Frœschwiller, et distribué aussi un grand nombre de croix et de médailles.

Ayant été envoyé dans la nuit au quartier général de la division, j'en ai rapporté la liste des récompenses attribuées à mon régiment, et je les ai communiquées tout de suite, en rentrant au bivouac, d'abord au colonel, puis à chacun des intéressés. Notre lieutenant-colonel, M. de Landreville, était nommé colonel du 2ᵉ lanciers, en remplacement du colonel Poissonnier, tué le 6 août. Le commandant Bonie remplaçait au régiment le lieutenant-colonel de Landreville. Le commandant Tréboute, une vieil africain, était fait officier de la Légion d'honneur. L'adjudant Mancier, mon brave camarade, était promu sous-lieutenant.

Malgré l'heure avancée — il était minuit ou 1 heure du matin — on pense si j'ai été bien accueilli par les nouveaux promus. Tous dormaient cependant profondément, ce qui ne dispose pas précisément les gens à recevoir d'une façon aimable ceux qui viennent alors les importuner, fût-ce pour leur apprendre une bonne nouvelle. Le commandant Tréboute est sorti de sa tente pour me remercier et m'a embrassé avec effusion.

Le 25, nous venions camper près de Juniville. Le 26, près d'Attigny où, dans le courant de la journée, j'ai été faire quelques emplettes : deux gros couteaux de charretier, une petite lanterne sourde et une longue ceinture de flanelle. Ce n'est qu'en voyageant et lorsqu'on se trouve aux prises avec les difficultés qu'on s'aperçoit des objets qui vous sont nécessaires et qu'on cherche alors à se les procurer.

Le soir, au moment du dîner — nous mangions alors à côté des feux du bivouac, pêle-mêle avec nos hommes — je me suis aperçu que mon ordonnance boudait sur la soupe, qui, pourtant, était excellente. Il m'a répondu qu'il n'avait aucun appétit et que, depuis deux ou trois jours, il était sans forces, mais qu'il n'en disait rien, dans la crainte d'être envoyé à l'hôpital. L'ayant examiné d'un peu plus près, il ne m'a pas été difficile de constater qu'il avait la jaunisse. Or, en passant à Strasbourg, j'avais, à tout hasard, acheté une boîte de pilules purgatives. J'en ai fait prendre, incontinent, quelques-unes à mon lancier, qui, dès le lendemain, s'est déjà trouvé beaucoup mieux. Au bout de trois ou quatre jours de ce régime, sa guérison était complète.

Le 26, après avoir traversé l'Aisne, nous sommes allés prendre notre bivouac entre Voncq et Semuy. Notre déplacement vers l'est avait été d'environ dix kilomètres. Nous avons essuyé, ce jour-là, de nombreuses averses. A la visite des chevaux, on en a mis une demi-douzaine indisponibles pour blessures occasionnées par le harnachement. Nous ne faisions pourtant pas de longues étapes, mais des parties de drogue interminables. Ces animaux pouvant devenir un embarras, le colonel, après en avoir référé au commandant de la division, m'a chargé de les conduire à Semuy et de les placer en subsistance chez un habitant du pays.

Cette mission m'a donné quelque ennui. D'abord, aucune autorité militaire n'a voulu signer l'ordre de mise en subsistance que j'avais établi avant de partir du bivouac. Tous les chefs ou sous-chefs d'état-major auxquels je me suis adressé à cet effet m'ont répondu que cette question ne les regardait aucunement. Puis, personne ne voulait de mes chevaux. Enfin, après avoir frappé inutilement à un certain nombre de portes, un aubergiste s'est tout de même décidé à les accepter. « Prenez-les, lui ai-je dit; ils ont des blessures graves, c'est vrai; mais ils sont jeunes pour la plupart; personne ne viendra jamais vous les réclamer, du moins tout porte à le croire, et ils vous dédommageront amplement plus tard des soins que vous leur aurez donnés et des sacrifices que vous aurez pu faire pour eux ».

Pendant la nuit, le colonel a reçu l'ordre de désigner un officier pour être détaché, tous les jours, à dater du 27, auprès du général Michel, commandant la division.

Chargé de cette mission quotidienne, j'ai passé le commandement de mon peloton à mon camarade Mancier.

Dans la soirée, un de nos pelotons avait été envoyé en grand'garde pour la nuit. Depuis l'ouverture de la campagne, c'était la première fois que ce service fonctionnait et, par conséquent, que nous nous gardions ou que nous nous occupions de protéger nos bivouacs contre les entreprises de l'ennemi.

Jusqu'ici, il est vrai, en dehors de la journée de Frœschwiller, nous avions toujours été assez loin de lui pour n'avoir rien à redouter de notre adversaire. Si donc on prenait quelques précautions aujourd'hui, ce n'était probablement pas sans motif.

Quoi qu'il en soit, vers minuit, le bruit a couru dans le bivouac que notre peloton de grand'garde avait été enlevé. Cela paraissait d'autant plus extraordinaire que nous nous figurions tous être encore très éloignés de l'ennemi et à l'abri de ses insultes. Cependant, l'officier de ronde n'avait pas réussi à trouver la grand'garde.

D'où la conclusion fort naturelle qu'elle avait dû être enlevée.

Heureusement qu'il n'en était rien. Si la ronde n'avait pas aperçu la grand'garde, c'est parce que, au lieu d'occuper l'emplacement qui lui avait été assigné, celle-ci en avait choisi un autre. L'erreur était de né pas l'avoir placée. Mais, contrairement à ce que nous pensions, à l'heure où cet incident s'est produit, l'ennemi n'était plus très loin de nous. En un mot, et sans nous en douter, nous brûlions.

Le 27, dès l'aube, la division est partie en reconnaissance sur Vouziers. Il faisait un brouillard intense. Les chemins, détrempés par la pluie de la veille, étaient fort glissants. Aussi, en montant la côte de Voncq, ou en la descendant du côté opposé, plusieurs chevaux sont-ils tombés.

Arrivés à Terron, nous nous sommes trouvés en présence d'une file interminable de voitures échelonnées sur le chemin que nous suivions et se dirigeant sur Voncq. C'était le convoi du 7° corps.

Plus loin, près de Vandy, nous avons rencontré le lieutenant-colonel Davenet, sous-chef d'état-major de ce corps d'armée, qui venait pour faire rebrousser chemin à son convoi, celui-ci s'étant trompé de route.

— D'où venez-vous donc? lui a demandé le général Michel.

— De Vouziers, mon général.

— Y a-t-il quelque chose de nouveau par là?

— Absolument rien. Notre quartier général s'y trouve en ce moment avec une partie des troupes.

Dès lors, il devenait inutile de pousser plus avant. Notre reconnaissance était désormais sans objet ou, plutôt, elle avait atteint son but. En conséquence, nous nous sommes arrêtés et jetés dans un champ pour permettre aux nombreux bagages du 7e corps d'opérer leur mouvement rétrograde. Puis, quand la route a été dégagée, nous avons fait nous-mêmes demi-tour et sommes venus planter nos tentes entre Voncq et Terron, à six ou sept kilomètres à peine du bivouac que nous occupions la veille près de Semuy.

Le soir, dans un conseil de guerre tenu à Voncq, il fut décidé qu'on pousserait sur Metz et qu'on percerait coûte que coûte. Les officiers qui, pour un motif quelconque, ne croiraient pas pouvoir suivre seraient libres de rester. On les dirigerait sur Mézières avec les hommes et les chevaux indisponibles, ainsi que les bagages, dont le nombre devait être réduit au strict indispensable.

D'ailleurs, sous ce dernier rapport, le 1er corps se trouvait déjà dans les conditions requises, car il avait perdu à peu près tout son matériel dans la journée du 6 août. Au 6e lanciers, il ne nous restait plus que deux voitures d'escadrons et quelques tentes. Celles-ci furent renvoyées avec les ouvriers et les éclopés, et nous ne devions jamais plus les revoir.

Le 28, nous sommes montés à cheval à 7 heures du matin pour aller seulement jusqu'à Voncq. Arrivés là, on nous a fait faire demi-tour et renvoyés dans notre ancien bivouac. Ce jour-là, le corps d'armée devait aller au Chesne; nous avions encore commis la sottise de nous mettre en route beaucoup plus tôt qu'il ne fallait pour prendre, dans la colonne formée par le 1er corps, la place qui nous était assignée, et qui était l'arrière-garde. Toutes ces allées et venues avaient naturellement pour conséquence d'imposer aux hommes et aux chevaux des fatigues considérables, que rien ne peut excuser.

Enfin, vers 1 heure de l'après-midi, nous sommes, cette fois, repartis pour tout de bon. Il tombait une pluie fine des plus désagréables.

Arrivés à Voncq, où nous avions été précédés par notre chef d'état-major, M. le commandant Régnier, nous avons trouvé celui-ci en train de réunir, à la hâte, les ouvriers, les éclopés et tous les hommes qui étaient à sa portée pour empêcher la cavalerie ennemie de pénétrer dans le village.

Déjà, vers 9 ou 10 heures du matin, de notre bivouac, installé sur la rive droite de l'Aisne, nous avions aperçu, galopant sur la rive gauche, le long du canal d'embranchement, des cavaliers en manteau noir ou bleu foncé. Ces cavaliers isolés nous avaient tout d'abord paru suspects, à cause de la nuance de leurs manteaux. Mais bientôt tout le monde fut persuadé que ce devaient être des hommes du train ou des artilleurs, et l'on n'y fit plus attention.

En fait, c'étaient bel et bien des cavaliers prussiens, qui, à notre insu, se trouvaient sur nos derrières.

Observant de loin nos mouvements, quand notre infanterie avait quitté Voncq pour marcher vers l'est, ces cavaliers s'étaient avancés jusqu'au pied du village, qui est bâti sur un piton, et, sans les isolés que le commandant Régnier s'était empressé de rassembler pour les arrêter, ils l'auraient occupé avant l'arrivée de notre division.

Aussitôt prévenu de cette situation, le général Michel a fait partir dare-dare un escadron du 10° dragons, devant lequel les éclaireurs ennemis se sont repliés, repassant les ponts de l'Aisne et du canal, pour aller s'abriter derrière une grosse ferme qu'on appelle Fontenille.

Nos dragons ayant poussé jusque-là, pendant que, de notre côté, la tête de la division atteignait Voncq, nous avons alors été témoins d'un spectacle assez curieux. Tout d'abord, en scrutant des yeux l'autre rive, nous avons pu constater que l'ennemi avait devant nous environ un régiment. Le gros de cette troupe était arrêté sur les hauteurs de la rive gauche de l'Aisne, à 1.500 ou 1.800 mètres au delà de la ferme de Fontenille, qui, elle-même, est distante du canal d'environ un kilomètre. Tout à l'entour se trouvent des prairies et quelques bouquets de bois. .

Du point qu'ils occupaient, les Allemands ne paraissaient pas avoir envoyé sur Voncq plus de la valeur d'un peloton, c'est-à-dire une simple reconnaissance. Mais, dès qu'ils ont vu nos dragons lancés à la poursuite de leurs éclaireurs, ils ont fait descendre un escadron, qui s'est avancé jusqu'à hauteur de la ferme.

Voilà donc, dans le fond de la vallée, deux escadrons adverses face à face, et, les contemplant de haut, comme pour compter les coups, les deux troupes qui les ont détachés. Qu'allaient faire ces escadrons? Comment allaient-ils combattre? A l'arme blanche ou au fusil?... On attendait, en silence, suivant des yeux leurs mouvements.

Eh bien, ils s'attaquèrent au fusil, la moitié de la troupe en tirailleurs, l'autre en soutien, tous à cheval, les premiers, après avoir lâché leur coup, faisant demi-tour et rechargeant leurs armes en décrivant un huit de chiffre, comme à la manœuvre. En un mot, ils mirent en pratique les prescriptions du règlement, les hommes et les chevaux ne s'agitant pas beaucoup plus que sur la place d'exercices.

Ce manège, sans résultat appréciable, menaçant de ne plus finir, et l'heure étant venue, pour la division, de se mettre en route, le général fit dire au capitaine commandant l'escadron du 10ᵉ dragons, de se replier.

Il était visible que nous n'avions affaire qu'à une reconnaissance de cavalerie. Nous avons su depuis que c'était le 16° régiment de hussards. D'ailleurs, pour parer à toute éventualité, aux premières nouvelles de la présence de cette cavalerie sur nos talons, le général Wolff, qui commandait la 1re division d'infanterie de notre corps d'armée, avait envoyé un bataillon pour nous prêter main-forte au besoin, et il était revenu à Voncq de sa personne, afin de juger par lui-même de l'importance des événements.

Ainsi qu'il était aisé de le prévoir, lorsque nos dragons se sont retirés, les hussards ennemis les ont suivis jusqu'au pont du canal. Mais déjà le général Wolff avait fait descendre au bord de l'Aisne une section d'infanterie qui, en deux ou trois salves, a mis nos adversaires en fuite. Toutefois ils ne sont pas allés bien loin. Dissimulés derrière les maisons ou les bouquets de bois, ils ont continué à nous envoyer quelques coups de fusil, dout les balles venaient se perdre dans nos rangs; puis, quand nous nous sommes définitivement éloignés de Voncq, ils y sont revenus et l'ont, je crois, un peu brûlé.

A 8 heures du soir, après avoir suivi la voie romaine de Reims à Trèves, au milieu des bois et par un brouillard intense, nous arrivions au Chesne, où le 1er corps, dont nous formions l'arrière-garde, se trouvait déjà concentré. La division a bivouaqué au sud-ouest du village, dans un terrain coupé de fossés où, par suite de l'obscurité, elle a mis à se former un temps infini. Comme il était presque impossible de planter les piquets et de tendre les cordes, les hommes ont dû, pour la plupart, rester la bride au bras jusqu'au matin. Quant aux subsistances, malheur à ceux dont les bissacs n'en étaient pas pourvus!

Pour comble d'infortune, la pluie est tombée toute la nuit sans discontinuité, et les chevaux arabes de la brigade légère, attirés par les juments des corps montés en chevaux français, ont mis, à diverses reprises, le camp dans le plus grand désordre. Semblables à des démons, ces enragés coursiers s'en allaient, à travers le bivouac, à fond de train, culbutant tout sur leur passage, et l'on ne savait plus où se réfugier pour ne pas être écrasé par eux.

Pour se défendre contre ces avalanches, les hommes ont-ils frappé ces chevaux avec leurs armes, ou bien ceux-ci sont-ils venus s'embrocher eux-mêmes dans les faisceaux ? Je ne sais. Toujours est-il que le lendemain matin, au moment de monter à cheval, il y en avait une demi-douzaine d'étendus sur le carreau, morts ou blessés. Cet exemple montre qu'il est dangereux de faire bivouaquer côte à côte des régiments montés en chevaux entiers et d'autres en chevaux hongres.

Le 29, vers 8 heures du matin, nous avons quitté notre affreux bivouac du Chesne dit le Populeux, et pris le chemin qui mène à Châtillon-sur-Bar. Je crois bien — car nous faisions de nombreux crochets pendant ces marches — que c'est à ce village que nous avons passé la rivière. Puis, nous nous sommes dirigés sur Stonne par Brieulles, Verrières et Oches, allant toujours au pas et même nous arrêtant souvent. Nous étions près de Verrières quand nous avons aperçu, assez loin vers notre droite, des cavaliers sur les hauteurs de Saint-Pierremont. On a fait halte, attendant, pour reprendre la marche, d'être fixé sur le compte de ces hommes suspects. Le chef d'état-major m'a désigné pour aller les reconnaître. Arrivé à Brieulles, et au moment où je sortais du village, je me suis trouvé en présence d'un officier d'état-major qui m'a demandé, en désignant du geste notre division : « Qu'elle est donc cette troupe de cavalerie là-bas, du côté de Verrières ? — Ça, lui dis-je, c'est la division du 1er corps. Mais vous-même, pourriez-vous me faire connaître qui sont les cavaliers que l'on aperçoit sur ces hauteurs? — Sans doute, ce sont des hommes du 4° hussards de la division Ameil. »

Cet officier, attaché à la division Ameil, avait été envoyé pour nous reconnaître, comme j'avais été désigné moi-même pour aller reconnaître les cavaliers du 7° corps.

Pendant que j'accomplissais cette mission, ma division avait repris sa marche sur Stonne. Quand je l'ai rattrapée, elle était sur le point d'arriver au village. Il pouvait être alors 2 heures de l'après-midi. A ce moment, notre 5° corps se trouvait déjà aux prises avec l'ennemi du côté de Bois-des-Dames.

Aux environs de La Berlière, ayant arrêté, pour le questionner, un habitant qui avait l'air de se sauver, cet homme m'avait répondu en me montrant les bois de Dieulet : « Ah! Monsieur, tous ces bois sont remplis de Prussiens! »

A l'entrée de Stonne, qui est bâti sur une hauteur, nous avons dû nous arrêter pour laisser passer une colonne composée d'infanterie et d'artillerie qui suivait la grande route du Chesne à Beaumont.

Il s'est produit là un incident bizarre. Notre tête de colonne, c'est-à-dire l'état-major de la division et le commencement du 10° dragons était arrêtée dans un chemin creux entre les premières maisons du village. Dans un jardin voisin se trouvaient plusieurs ruches, que des zouaves, arrêtés comme nous et ne sachant que faire, sinon des plaisanteries, s'amusaient à découvrir. Mal leur en prit. En un clin-d'œil, ces hommes, affreusement piqués, et punis, pourrait-on dire, par où ils avaient péché, durent se sauver à toutes jambes. Mais, les abeilles s'étant alors tournées contre nous, nous eûmes à subir un assaut formidable. C'était une bataille au moins aussi terrible que celle qui se livrait dans le bois des Dames. Un de mes camarades de l'état-major, le lieutenant Ezémar, du 3ᵉ hussards, est sorti fort mal en point de cette bagarre dangereuse.

Le soir, nous bivouaquions à Raucourt, au sud-ouest du village, dans l'angle formé par les routes de Stonne et de Chémery. Comme nous étions totalement dépourvus de vivres, les convois se trouvant on ne sait où, l'idée m'est venue de faire la soupe avec un morceau de chandelle que j'avais dans mes sacoches. Nous n'avons jamais pu la manger, tant elle était mauvaise. Pour nous consoler, nous avions heureusement du café et du pain. Avec cela, on ne meurt jamais de faim ; et il faisait un temps superbe, ce qui aide à supporter bien des misères.

Dans la matinée du 30, un peu avant notre départ, quelques voitures, conduites par des paysans, ont traversé notre bivouac, suivant la route de Chémery. Nous les regardions passer, quand on apprit, par les conducteurs, que c'étaient des voitures égarées du convoi du 5ᵉ corps qui s'en allaient à l'aventure, et qu'elles portaient un chargement de sucre et de café. Aussitôt des cuirassiers les ont arrêtées, ont sauté dessus, enlevé les bâches et, appelant les camarades, jeté par-dessus bord tout ce qu'elles contenaient de sacs de café et de pains de sucre. En vain, un officier supérieur qui se trouvait à proximité a-t-il essayé de mettre un terme à cette distribution irrégulière. En quelques minutes, ces voitures, mises à sac, étaient complètement à sec, à la grande satisfaction de leurs conducteurs, heureux d'être allégés d'un chargement qui paraissait les gêner beaucoup.

Les pains de sucre, lancés à tour de bras, étaient saisis

au vol par les cavaliers accourus de tous les points du bivouac pour assister à la curée, au milieu des cris et des éclats de rire de tout le monde.

Sans doute, notre conduite en cette circonstance ne fut pas exempte de reproches. S'approprier le bien d'autrui, même quand la faim justifie, en partie, ce moyen, ne passera jamais pour une action recommandable. Mais, plutôt que de laisser tomber entre les mains de l'ennemi le chargement de ces voitures — ce qui serait à coup sûr arrivé — ne valait-il pas mieux s'en emparer? On n'a pas mis longtemps à le comprendre, et c'est pourquoi on a laissé faire.

En quittant le bivouac, vers 9 heures, nous formions l'arrière-garde de notre corps d'armée, qui marchait par Haraucourt, Angecourt et Remilly, se dirigeant sur Carignan. La route suit une vallée charmante. On ne voit partout que châteaux et villas. Ce n'est pas le temps qui nous a manqué pour nous permettre d'en admirer les agréments, car notre marche, fort lente, était encore, à chaque instant, interrompue par des haltes souvent prolongées. Pour mieux dire, on ne marchait pas, on piétinait, mettant fréquemment pied à terre.

A un moment donné, il a été question de nous envoyer avec le convoi, passer la Meuse au pont de Sedan. Mais ce projet n'a pas eu de suite, et nous avons attendu fort longtemps, à hauteur d'Angecourt, que notre tour arrivât de passer la rivière.

Pour ce passage de la Meuse à Remilly, on avait improvisé un pont construit avec deux ou trois bateaux reliés par des planches. Nous l'avons franchi vers 4 heures de l'après-midi, après l'infanterie et l'artillerie, sauf la division L'Hériller, restée sur les hauteurs de la rive gauche pour protéger l'opération. La brigade de cavalerie légère du général de Septeuil a été mise provisoirement à la disposition du général L'Hériller.

Depuis un moment, on entendait la canonnade vers le sud, du côté de Mouzon. Quand, après avoir passé la Meuse, nous avons débouché dans les prairies de la rive droite, dans l'angle formé par la Meuse et la Chiers, on entendait non seulement les coups, mais on distinguait encore très bien le feu et la fumée des pièces. Le combat se livrait entre Mouzon et Beaumont. Du point où nous étions, et malgré la distance qui nous en séparait, environ dix kilomètres, on embrassait le théâtre de la lutte, qui avait lieu sur des hauteurs. Mais on ne voyait pas ce qui s'y passait, et, des troupes s'étant montrées tout à coup plus près de nous, sur les côtes d'Amblimont, nous n'avons pas été sans éprouver quelque surprise. Ces troupes nous appartenaient-elles? Etait-ce au contraire l'ennemi? Voilà ce que chacun se demandait.

Le général n'avait alors sous la main que les lanciers et les dragons; les cuirassiers étaient encore assez loin, car le passage de la Meuse s'effectuait très lentement, en file indienne, et chaque régiment ne se mettait en marche que successivement, lorsque tous ses éléments avaient passé le cours d'eau. D'autre part, l'infanterie se rapprochait de Carignan, et notre brigade légère était restée à Remilly.

Par suite, nous étions un peu en l'air, et peu nombreux; d'où la nécessité de chercher tout d'abord à nous renseigner, puis de nous mettre en liaison plus intime avec l'infanterie qui nous précédait et dont nous n'apercevions déjà plus même les dernières fractions. En conséquence, pendant que des reconnaissances allaient à la découverte des troupes inconnues que l'on remarquait sur les hauteurs d'Amblimont, le général m'envoyait

auprès du général Lartigue, commandant la 4° division
d'infanterie, pour le mettre au courant de la situation
et le prier, au cas où nous serions attaqués, de nous
prêter son concours.

A ce moment, notre infanterie était déjà sur la rive
droite de la Chiers. Quand j'ai pu la joindre, la queue
n'était pas loin d'entrer dans Carignan, où le gros du
1er corps procédait déjà à son installation. J'ai fait part
au commandant de la 4° division du désir exprimé par
le général Michel. Il m'a répondu qu'il ne pouvait laisser personne en arrière, que, du reste, sa marche était
fort lente et qu'il se ferait un devoir de nous venir en
aide s'il en était besoin.

La route était si encombrée par les troupes et les
bagages que j'ai eu beaucoup de peine à regagner Tétaigne, où j'avais déjà passé la Chiers en allant remplir
ma mission. Pendant que je courais ainsi, le jour avait
peu à peu disparu et la nuit tombait. Aussi, quand j'arrivais au pont, des cavaliers qui se trouvaient sur l'autre
rive, et que je ne distinguais plus très bien, me cau-
sèrent-ils une certaine surprise.

C'était la tête de notre régiment de cuirassiers, qui
venait de Remilly et cherchait à rejoindre le gros de
la division, dont il avait perdu le contact. Celle-ci, depuis mon départ, avait dû continuer sur Carignan, à
travers prés, par la rive gauche de la Chiers. J'en in-
formai le colonel de La Rochère et je pris moi-même
ce chemin pour rallier mon général.

J'étais seul, filant grand train le long de la rivière,
afin de ne pas m'égarer, lorsque, arrivé à peu près à
moitié chemin de Tétaigne à Carignan, j'essuyai un
coup de fusil. Quelques instants avant, j'avais entendu
un bruit de voix sur mon flanc droit, mais je ne pensais
pas du tout que ce pût être l'ennemi. En fait, ce n'était

pas lui non plus, mais probablement des hommes du 5ᵉ corps qui, ayant été battus à Mouzon — ce que d'ailleurs je ne savais pas encore à cette heure — se retiraient sur Carignan. Dans l'obscurité, ces hommes m'avaient pris sans doute pour un cavalier allemand, du moins j'aime à le penser, et c'est pourquoi l'un d'eux avait cru devoir, au passage, m'honorer d'une décharge, heureusement inoffensive. Néanmoins, sur le coup je doublai l'allure, et en deux temps de galop j'arrivais à Carignan.

Le gros de la division, en quête d'un bivouac, se tenait provisoirement à l'entrée de la ville, sur la route de Mouzon, déjà encombrée par les débris du 5ᵉ corps. Enfin, après bien des instants d'attente, nous prenions la route de Montmédy pour aller nous installer entre cette route et la voie ferrée, dans un espace très restreint, à 1.500 ou 1.800 mètres au delà de Carignan. Une grand'garde, fournie par le 10ᵉ dragons, fut envoyée au pont de Blagny, sur le chemin de Sailly. Il était alors environ 10 heures du soir.

Afin de n'être pas, comme la veille, pris au dépourvu et d'avoir, en arrivant au bivouac, autre chose qu'un bout de chandelle à nous mettre sous la dent, mon ami Mancier m'avait dit le matin, avant de partir de Raucourt : « Surtout, toi qui jouis d'une certaine indépendance à cause de tes fonctions, n'oublie pas de remplir tes sacoches pendant la route ».

Dans les circonstances présentes, le conseil était prudent. En effet, nous ne pouvions plus compter sur les vivres de l'administration, dont les convois tombaient tous peu à peu entre les mains de l'ennemi, qui nous serrait chaque jour de plus en plus près ; quant aux ressources locales, elles étaient absorbées par le premier occupant, et nous marchions à l'arrière-garde ; enfin, nous étions exposés à bivouaquer souvent fort loin de tout lieu habité, puisque l'usage était alors de toujours nous mettre dans les champs.

En traversant les localités ou en passant dans les environs, et sans négliger mon service, je me préoccupai donc de remplir mes sacoches. C'est ennuyeux de surcharger son cheval, mais ce n'est pas agréable non plus de n'avoir rien à manger en arrivant au gîte, surtout lorsqu'on a couru toute la journée et que le ventre crie famine. Entre ces deux maux, il n'y a pas à hésiter.

Malgré tout, à notre arrivée à Carignan, je n'avais dans mon bissac qu'un tout petit morceau de pain, trouvé, après beaucoup de recherches, au village de Brévilly. De son côté, mon camarade Mancier n'avait pas été plus heureux que moi. Nous n'avions donc encore que du pain, et en petite quantité, et nous éprouvions le besoin d'avoir autre chose. En conséquence, pendant que les hommes procédaient à l'installation des chevaux et que mon ami préparait le feu, je me dirigeai, enveloppé dans mon manteau, presque comme un malfaiteur, vers la ville de Carignan, espérant y trouver des ressources.

Hélas ! à Carignan tout était sens dessus dessous, tout était vide. Plus de pain chez les boulangers, plus de viande chez les bouchers, plus rien chez les charcutiers, rien non plus chez les épiciers, enfin, partout, même chez les habitants, l'épuisement le plus complet des ressources de toutes sortes ; ce qui s'explique facilement, si l'on considère que la ville, toute petite, était alors occupée par la presque totalité du 1er corps et qu'elle recevait, à chaque instant, tous les débris du 5e. Comme bien on pense, je n'étais pas le seul en quête de provisions.

Enfin, avançant toujours au milieu de cette désolation, j'arrivai à la porte d'un hôtel qui s'appelait, je crois, l'hôtel d'Angleterre. Il y avait là, prêts à partir, des équipages qu'on me dit être ceux de l'Empereur. En effet, pendant que je montais le perron de l'hôtel, plusieurs officiers généraux le descendaient. Je me rangeai, pour les laisser passer, sans bien les voir, car il ne faisait pas clair, et saluai : c'était l'Empereur et les personnes de sa suite qui allaient monter en voiture pour se rendre à Sedan. Du moins, c'est ce que me dit la maîtresse de l'hôtel, qui avait accompagné ses hôtes jusqu'à la porte, et que j'arrêtai pour lui demander s'il lui restait encore de quoi manger.

— Impossible de vous donner quoi que ce soit, riposta vivement cette femme, il ne me reste plus rien.

— Et ça, lui dis-je, en apercevant une servante qui sortait de la salle à manger avec un pain énorme sous le bras.

— Oh! Monsieur, c'est tout ce que nous avons. Ce pain nous fait besoin. Comment allons-nous faire si vous nous le prenez?

— Vous mériteriez bien que je l'emporte tout entier pour avoir voulu me tromper. Mais, pour vous prouver que je ne suis pas aussi méchant que j'en ai l'air, je n'en prendrai que la moitié.

En fait, je n'en pris guère que le quart.

— Et d'un! dis-je. Maintenant, il me faut de la viande, de la viande crue, bien entendu; je me charge de la faire cuire.

— Oh bien alors, je puis vous en trouver un morceau.

— Courez vite le chercher, et puis apportez-moi également deux bouteilles de vin, rouge ou blanc, peu importe.

En même temps, je lui glissai un louis dans la main, en lui disant de tout garder, ce qui eut pour résultat de nous rendre les meilleurs amis du monde. A partir de ce moment, cette excellente femme m'aurait, je crois, donné toute sa maison.

Je n'en demandais pas tant. Avec du pain, de la viande et du vin, j'étais suffisamment pourvu. Chargé de toutes ces provisions, je retournai vivement au bivouac, et nous fîmes, ce soir-là, mon camarade et moi, avec nos ordonnances, un repas un peu plus corsé que celui que nous avions fait, ou essayé de faire, la veille à Raucourt. Je l'avais, il est vrai, payé assez cher.

Le 31, au petit jour, le général m'a prescrit de monter à cheval pour aller chercher la grand'garde. Un peu avant d'arriver à Blagny, j'ai traversé la division Margueritte, bivouaquée le long de la route et qui faisait ses préparatifs de départ.

A Blagny même, j'ai failli, sans m'en douter, être enlevé par l'ennemi. Après avoir averti la grand'garde de rallier la division, j'avais dû m'arrêter chez un maréchal ferrant du village pour faire mettre quelques clous à mon cheval. Or, pendant cette opération, une patrouille de la garde prussienne a pénétré dans la localité, et je ne me suis aperçu de sa présence que juste au moment où je sautais en selle pour repartir. Il était temps !

Quand j'ai rallié ma division, elle était déjà à l'ouest de Carignan, du côté de Wé, marchant à travers champs, dans la direction de Pourru-aux-Bois. A la même hauteur, un peu à droite, marchait la division Margueritte, les deux masses de cavalerie formant l'arrière-garde du 1er corps et des débris du 5e, en retraite sur Sedan. Un peu plus au sud, sur notre flanc gauche, pêle-mêle avec des troupes d'infanterie et d'artillerie, les bagages du corps d'armée suivaient la grande route de Carignan à Mézières. En somme, notre marche rétrograde, effectuée sur une bande de terrain assez étroite entre la frontière belge et la Chiers, se trouvait, bien qu'un peu protégée par cette rivière, grandement exposée aux entreprises de l'ennemi, non seulement en flanc, mais encore à revers.

Cependant, ce dernier n'a pas été trop pressant, surtout à l'arrière-garde. Mais, vers 2 heures de l'après-midi, son artillerie a canonné nos convois près de Douzy et les a mis dans le plus grand désordre. En même temps, la cavalerie saxonne, venant par Douzy, essayait de nous couper la retraite et s'avançait jusqu'à Francheval. Nous venions justement d'arriver dans ce village, la division du 1er corps et la division Margueritte, et nous avions mis pied à terre pour nous reposer un instant, quand les 17e et 18e uhlans sont survenus.

A peine étaient-ils signalés par les cris : « les Prussiens ! les Prussiens ! » que déjà nous étions tous à cheval, et que nous nous portions à un allure rapide sur les hauteurs qui dominent Francheval au sud-est. Mais les uhlans ne nous avaient pas attendus. Du plateau que nous venions d'atteindre, nous avons pu les voir se replier vivement vers Douzy, fusillés de loin par un escadron du 10e dragons qu'on avait lancé à leur poursuite. Seulement, cet escadron ne leur a fait, je crois, aucun mal, à cause de la distance, tandis qu'une compagnie du génie, qui se trouvait à portée du chemin creux qu'ils suivaient, leur a tué et blessé un certain nombre d'hommes et de chevaux.

Au loin, dans la vallée de la Chiers, du côté de Mairy et de Brévilly, on distinguait des masses de troupes ennemies de toutes armes, pendant que le canon tonnait fortement vers Remilly et Bazeilles.

Nous avons bientôt repris notre marche vers l'ouest, nous arrêtant, d'ailleurs, à chaque instant, et faisant des haltes prolongées, notamment à côté de Villers-Cernay et un peu avant d'arriver à Givonne. Enfin, après avoir pénétré dans ce dernier village, déjà encombré de troupes d'infanterie et d'artillerie, nous y sommes restés pendant plusieurs heures, dans l'attente d'ordres qui se faisaient beaucoup désirer. Depuis un moment, la division Margueritte nous avait quittés, se dirigeant plus au nord.

J'ai profité de ce repos prolongé pour acheter des vivres, ou du moins pour essayer de m'en procurer; mais, malgré les recherches les plus actives, je n'ai pu trouver que du vin, dont j'ai mis deux bouteilles dans mes fontes.

Vers 10 heures, alors qu'il faisait depuis déjà assez longtemps nuit noire, et noir comme dans un four malgré un temps superbe, nous sommes descendus par la vallée jusqu'à Daigny, même un peu plus bas; puis, tournant à droite, nous avons escaladé les pentes du plateau, pour venir nous former, un peu au hasard et à tâtons, le dos tourné au fond de Givonne. Devant nous brûlait Bazeilles.

Il pouvait être alors près de minuit. Nous étions littéralement exténués, sans vivres pour les hommes ni pour les chevaux. Ces derniers n'ont été ni attachés ni dessellés; on s'est borné à passer les rênes par-dessus l'encolure, et, roulés dans nos manteaux, nous nous sommes étendus à côté de nos montures, dormant bientôt profondément.

Cependant, mon ordonnance, ayant emprunté le feu d'un chasseur à pied — il y en avait un bataillon à côté de nous — a voulu nous faire du café. Un moment après, il venait me secouer pour m'en offrir un quart. Je l'ai d'abord envoyé au diable, en maugréant, puis : « C'est bon, lui ai-je dit, laisse ton quart près de moi, je le boirai tout à l'heure. » En effet, vers 4 h. 1/2 du matin, en m'éveillant, j'ai trouvé le quart à portée de ma main et je l'ai vidé d'un trait. Quoique froid, le café était délicieux. Mon ordonnance avait bien mérité de la patrie, et je lui témoignai ma plus vive reconnaissance.

SEDAN

Du 1er au 10 septembre : Bataille de Sedan. — La retraite. — Charleville. — Vervins. — Hirson. — Landrecies. — Versailles. — Saumur.

Pendant qu'encore à moitié endormi et les membres raides j'absorbais mon quart de café, là-bas, dans la vallée, sur les bords de la Meuse, la fusillade commençait à crépiter. Ce bruit de mousqueterie sollicitant mon attention m'a remis tout à fait d'aplomb.

C'était le 1er septembre. Il ne faisait pas encore tout à fait jour. Devant nous, Bazeilles continuait à brûler, mais on ne voyait plus que la fumée se détachant en noir sur le fond blanchâtre de l'épais brouillard qui couvrait toute la vallée, de Sedan à Remilly.

Autour de nous, le camp s'éveillait, les hommes se levant, s'étirant, rajustant leurs effets, visitant leurs chevaux ou ramassant leurs armes.

Peu à peu, les unités se sont formées, on a reçu les appels, rectifié les alignements, et notre division s'est trouvée rangée en bataille, face à la Meuse, et parallèlement à Fond-de-Givonne, à trois ou quatre cents pas en avant de ce chemin creux, la droite vers Sedan, la gauche dans la direction du village de Daigny. De ce côté, tout le plateau était couvert de troupes d'infanterie et d'artillerie appartenant au 1er corps. Plus au sud, vers Bazeilles, se tenait le 12e corps. La fusillade devenant d'instant en instant plus intense sur ce point et paraissant s'étendre du côté de La Moncelle, l'infanterie s'est avancée peu à peu jusqu'au bord du plateau.

Sur ces entrefaites, une bordée d'obus partis des rives de la Meuse est allée s'abattre assez loin derrière nous, les projectiles passant à plus de cent mètres au-dessus de nos têtes. « C'est la grande bataille qui commence », a dit le colonel Tripard. Et, comme le soleil, un soleil radieux, venait d'émerger à l'horizon, quelqu'un a ajouté : « Voilà le soleil d'Austerlitz ! » A quoi une autre voix a répondu : « Pourvu que ce ne soit pas celui de Waterloo. » On a regardé de travers cet oiseau de mauvais augure.

Jusque-là, nous étions restés pied à terre. A ce moment, nous sommes montés à cheval. Les obus, de plus en plus nombreux, continuaient à passer au-dessus de nos lignes, avec un bruit à peu près pareil à celui que produit le vol d'une nuée de corbeaux.

Alors une de nos batteries, arrivant du côté de Sedan, est venue se placer devant nous, à cent pas environ de notre front, et a ouvert le feu sur l'artillerie allemande, dont, maintenant que le brouillard avait disparu, on apercevait très bien les pièces. Il y en avait une rangée formidable, sur la rive gauche et près de la Meuse, au pied des hauteurs de Remilly. Aussi, notre batterie n'a-t-elle pas tardé à être écrasée. En moins de vingt minutes, tous ses canons se trouvaient démontés et hors de service.

Placés, comme nous l'étions, en arrière de ces pièces, c'est-à-dire dans le champ de tir de l'adversaire, et adossés à un ravin qui gênait tout déplacement, nous avons reçu pendant un moment une averse de projectiles qui ont occasionné pas mal de dégâts : un brigadier du 10° dragons a eu la tête emportée ; le maréchal des logis Vernier et le trompette Dannichert, de mon régiment, ont eu, le premier, une main fracassée et, le second, un bras enlevé. Ces deux hommes ont été pansés sur place immédiatement, par le docteur Sala, du 6ᵉ lanciers, et transportés ensuite à Sedan. Mais personne ne comptait plus les revoir jamais.

Pendant ce temps, sur tout le front Bazeilles-La Moncelle-Daigny-Givonne, la lutte prenait des proportions considérables. Vers La Moncelle, notamment, la canonnade et la fusillade faisaient rage. On distinguait nettement le bruit sec des mitrailleuses. C'est à ce moment que notre brigade de lanciers (2ᵉ et 6ᵉ) a reçu l'ordre de se rendre vers Daigny. On disait que c'était pour charger. En réalité, elle n'a chargé personne, ce qui eût été difficile d'ailleurs, dans ce terrain accidenté et très couvert. Et, après être restée pendant quelque temps abritée derrière les maisons du village, sur lequel l'ennemi dirigeait un feu d'enfer, on l'a renvoyée à la division.

Un peu avant, nous avions vu passer le maréchal, qui s'en allait vers La Moncelle. Moins d'une demi-heure après, il était blessé et rentrait dans Sedan, en passant encore devant nous, avec son état-major et toute son escorte.

Presque aussitôt après le retour des lanciers, sur un ordre émanant de je ne sais qui, ou peut-être sur l'initiative du général, la division a rompu par la droite et s'est dirigée, en colonne par deux et même par un, vers le plateau situé de l'autre côté de Fond-de-Givonne, c'est-à-dire vers l'endroit qui se nomme le Vieux-Camp.

L'ascension de ce plateau, effectuée par des sentiers tortueux, à travers les vergers, et, par surcroît, sous une grêle d'obus, n'a pas eu lieu sans peine.

Pendant que nous grimpions ainsi ces pentes, presque à pic en certains endroits, le cheval de mon colonel a roulé au bas d'un talus, entraînant son cavalier, qui a reçu quelques contusions. Le colonel a voulu absolument attribuer cette culbute au bruit produit par l'éclatement d'un obus qui venait, en effet, de tomber près de lui. Mais la vérité c'est que son cheval a été bousculé par celui du capitaine Hermann, qui suivait immédiatement. Ce capitaine a si bien compris que cette chute était due au mouvement intempestif de sa monture, effrayée par le bruit du projectile, qu'il s'est confondu en excuses vis-à-vis du colonel. Mais ce dernier a persisté dans son opinion, et l'on a fini par lui laisser cette douce illusion de croire « qu'il avait été renversé par un obus ». Lorsque le canon ne fait pas plus de mal, on peut toujours en rire.

Ayant pris pied sur le plateau dit du Vieux-Camp, la division est allée, en passant par la ferme de la Garenne, se former à côté de celle du général Ameil, du 7e corps, qui se tenait un peu au sud du hameau dit de l'Algérie, et elle s'y est arrêtée pendant près d'une demi-heure.

Durant cette halte, le général, cherchant à s'orienter, parcourait le terrain dans tous les sens, accompagné des officiers de son état-major.

Le commandant Régnier nous ayant conduits vers la Meuse, dans la direction de Cazal, il est tombé près de nous quelques obus qui paraissaient provenir de batteries installées de l'autre côté de la presqu'île d'Iges, à l'ouest.

« Ce n'est pas encore ici qu'on peut se placer », dit le général, et nous sommes revenus à la division, pour laquelle il recherchait un emplacement où elle serait le plus possible à l'abri des coups de l'artillerie.

C'est sans doute dans ce but qu'après être restés un moment à côté du hameau de l'Algérie il nous a menés plus au nord, en longeant le bois de la Garenne.

Arrivée à l'extrémité de ce bois, du côté d'Illy, la

division, formée en colonne par quatre, a tourné à gauche dans le ravin qui va vers Floing; puis, se jetant à
droite, elle est montée sur le plateau qui s'étend de
Floing à Illy, parallèlement à la route qui relie ces
deux villages. Les pentes de ces hauteurs étant très
raides et coupées de murs en pierres sèches, les cavaliers en ont fait l'ascension à volonté, la plupart mettant pied à terre et tirant leurs chevaux par la figure,
afin de moins les fatiguer.

Plusieurs régiments de cavalerie d'autres corps d'armée se trouvaient déjà réunis au sommet du plateau
sur lequel, après pas mal de difficultés, nous avions enfin
réussi à prendre pied. Notre division s'est formée un
peu à droite de celle du 5e corps. Un peu plus à droite
encore, vers Illy, se tenait la division du général Margueritte. Toute cette cavalerie faisait face à Saint-Menges et Fleigneux, dont nous apercevions seulement le
clocher.

En arrière à gauche, de l'autre côté du ravin que
nous venions de franchir, le plateau de Floing, qui
dominait le nôtre, était occupé par des troupes de toutes
armes appartenant au 7e corps. Il pouvait être alors
environ 10 heures du matin.

Nous étions là depuis un moment, pied à terre, écoutant les bruits formidables de la bataille, lorsque notre
attention a été appelée du côté d'un mamelon qui se
nomme le Hattoy, espèce de piton situé entre Floing
et Saint-Menges, que nous avions alors devant nous, à
environ 2.000 mètres. Ce mamelon, assez élevé, et couvert de bois à son sommet, nous dérobait la vue de Saint-
Menges, ainsi que celle de tout l'espace compris entre
ce village et l'extrémité de la boucle que la Meuse forme
au hameau de Saint-Albert.

Nous l'observions parce qu'il était devant nous; mais,

au moment même, personne ne se doutait, assurément, que l'ennemi viendrait par là.

Cependant, on y a vu tout à coup apparaître des cavaliers, et des casques reluire. Puis, les cavaliers ayant disparu, un nombre assez considérable d'hommes à pied, formant comme une chaîne de tirailleurs, ont descendu le mamelon, s'avançant dans la direction de Floing.

A la distance qui nous en séparait, on ne distinguait pas très bien la nuance du costume de ces hommes. Seulement, comme ils semblaient plutôt vêtus de noir, quelqu'un a dit : « Ce sont des chasseurs à pied. »

Or, au même instant, du plateau de Floing, les batteries de mitrailleuses du 7° corps les prenaient justement pour cible. C'était donc bien l'ennemi, et nous étions tournés. La remarque en ayant été faite par un des officiers de l'état-major, un autre a répondu : « Ah! çà, par exemple, se serait un peu fort! »

Cependant, sous le feu de nos mitrailleuses et de quelques pièces de canon qui avaient pris part à l'action, la ligne prussienne, dont on apercevait maintenant les soutiens, nous a paru montrer un peu d'hésitation dans son mouvement en avant. Il y a eu, comme on dit du flottement. Même il s'est produit un temps d'arrêt très sensible, pendant lequel les hommes cherchaient à se dissimuler. D'ailleurs, ils ne tiraient pas encore, sans doute à cause du trop grand éloignement. Et puis, ils attendaient probablement l'entrée en scène de leur artillerie. Mais cela n'a pas duré longtemps. Presque aussitôt Le Hattoy s'est couvert d'un nuage de fumée, d'où sortaient des éclairs bien connus, et nous, qui nous bornions simplement à regarder, à observer l'effet produit par nos mitrailleuses, nous avons reçu une grêle de projectiles. L'artillerie prussienne venait de mettre en batterie, et, de nouveau, elle nous inondait de ses obus. Seulement, cette fois, c'était au nord.

Lorsque cette première bordée nous est arrivée, nous étions toujours pied à terre. On a eu vite fait de remonter à cheval. Mais déjà plusieurs hommes ainsi que des chevaux avaient été frappés, et il s'en est suivi un certain désordre.

Charger cette artillerie, il n'y fallait pas songer. D'abord, elle était trop éloignée; puis, nous en étions séparés par des obstacles très sérieux, entre autres la route de Floing à Illy, qui, en cet endroit, est profondément encaissée; enfin, les batteries adverses étaient alors déjà couvertes par une nombreuse infanterie.

Rester en place, sous ce feu violent que rien ne pouvait contrarier, et auquel viendrait bientôt se joindre celui de l'infanterie, dont on voyait les lignes s'avancer maintenant d'un pas ferme, c'était s'exposer à subir des pertes énormes, sans nécessité bien démontrée.

Telles sont probablement les considérations qui ont déterminé le général à nous faire descendre dans le ravin, afin de nous dérober d'abord aux vues de l'adversaire et ensuite à ses coups. Mais, au fond du ravin, les obus pleuvaient tout aussi dru qu'au sommet du plateau. Par suite, nous y étions tout aussi mal, je dirai même beaucoup plus mal, car nous ne voyions plus l'adversaire qui nous mitraillait, et il n'y a rien de plus insupportable que de recevoir des coups d'une main invisible.

Dans ce mouvement rétrograde vers le fond du ravin, la division s'était formée en colonne par quatre, les lanciers en tête, face au calvaire d'Illy.

Nous sommes restés là un bon moment, sans bouger, chacun se demandant, sans doute, comment nous sortirions de cette position critique. Le silence était solennel; personne ne soufflait mot. Quelques hommes, probablement pour se donner du cœur, portaient de temps en temps leur bidon à leurs lèvres.

Mais, si, dans les rangs, tout était calme et silencieux, en revanche, la nature était profondément troublée tout autour par le bruit strident des mitrailleuses et de la mousqueterie, par le grondement sourd et continu de la canonnade, accompagné du sifflement aigu des projectiles, dont la plupart éclataient avec un fracas épouvantable.

Enfin, après s'être entretenu un moment avec le général Tillard et le général Margueritte — le premier devait être tué raide et le second blessé mortellement quelques instants plus tard — le commandant de notre division, toujours préoccupé du mauvais pas où nous étions, et cherchant visiblement à nous en tirer, a prescrit à l'un des officiers de son état-major de remonter le ravin dans la direction du calvaire d'Illy, et de venir lui rendre compte de ce qui s'y passait, espérant qu'on trouverait là, peut-être, un emplacement où la division serait un peu plus à l'aise.

Mais cet officier n'avait pas fait cent pas qu'un obus tombait et éclatait devant le nez de son cheval, heureusement sans lui faire aucun mal. Sur ce, tout ému et tout pâle, il revint vers nous au galop, en disant : « Ils m'ont visé », ce qui, malgré la gravité de la situation, provoqua un accès d'hilarité générale. En fait, on ne l'avait pas visé lui plutôt qu'un autre. L'obus était tombé là par hasard, et parce qu'il était arrivé au bout de sa course. Mais ce projectile provenait, malheureusement, du côté du nord-est, ce qui indiquait que l'ennemi se trouvait aussi dans cette direction et nous tournait par la droite, comme il l'avait déjà fait par la gauche.

Nonobstant, et sans plus ample reconnaissance, le général a mis la division en marche dans la direction du calvaire, puis, parvenue au chemin qui conduit à Illy, il l'a menée vers ce village.

Il y avait là déjà des troupes de toutes armes, venues on ne sait d'où, et il en arrivait à chaque instant, poursuivies à coups de fusil ou à coups de canon. C'était un spectacle navrant.

La tête de notre colonne s'est arrêtée à la sortie d'Illy, du côté de la forêt, dans un chemin bordé de haies et d'arbres où nous étions un peu dérobés aux vues de l'adversaire. Sur notre droite, l'artillerie allemande était installée à la lisière des bois, pendant qu'à notre gauche on voyait une masse d'infanterie ennemie qui s'avançait par le chemin de Fleigneux. Devant nous, jusqu'à la forêt, le terrain paraissait encore libre, mais il était complètement découvert.

Sous peine d'être écrasés dans le village par les deux ailes de l'adversaire, qui, visiblement, convergeaient sur ce point pour s'y donner la main, il fallait ou se jeter sur l'une ou l'autre des ailes de l'ennemi, ou nous replier par où nous étions venus, c'est-à-dire sur le calvaire, ou enfin piquer droit vers la forêt par l'éclaircie. Seulement, il fallait prendre immédiatement un parti, et l'on attendait toujours, ce qui a permis à l'infanterie venant de Fleigneux et arrivée à bonne portée, de nous inonder de feux de salves, qui ont couché par terre plusieurs chevaux, entre autres celui du colonel Tripard, et produit un grand désordre dans les rangs.

Sous l'action de cette fusillade, tout ce qui était en tête de la colonne a couru vers les bois par l'espace libre, tandis que la plupart des hommes appartenant aux régiments qui se trouvaient en queue ont fait, au contraire, demi-tour, se repliant sur le calvaire. De telle sorte que la division, déjà privée depuis Remilly de sa brigade légère, s'est trouvée partagée encore en deux tronçons de force à peu près égale : l'un, avec le général, comprenant la brigade de lanciers, avec quelques dragons et cuirassiers; l'autre comprenant la majeure partie des cuirassiers et des dragons.

Lorsque, au plus fort de la bagarre, le colonel Tripard a eu son cheval tué, un vieux lancier du régiment, le nommé Bertaux, lui a de suite offert le sien. Cet acte, très méritoire dans les circonstances très difficiles où nous nous trouvions, a été sur-le-champ récompensé par la remise au cavalier d'une somme assez ronde, cent francs, je crois, puis, plus tard, par la médaille militaire.

Si l'homme avait donné une preuve de grand dévouement, on a trouvé, d'autre part, que le colonel lui avait manifesté sa gratitude d'une façon très convenable. Du reste, bien que démonté, le lancier Bertaux a suivi, à pied, le régiment.

Parvenue à l'entrée de la forêt, et à l'abri, au moins provisoirement des feux de salves de l'infanterie ennemie, la portion principale de la division s'est arrêtée et a cherché à s'orienter.

Il s'est tenu là une sorte de conseil de guerre assez semblable à celui qui avait eu lieu le soir du 6 août sur les hauteurs d'Engwiller.

Désirant avoir l'opinion des officiers sur les résolutions à prendre, le général, après les avoir réunis autour de lui, les a tous questionnés successivement, en commençant par le plus jeune. Celui-ci, tout frais émoulu de Saint-Cyr — il était de la promotion du 14 août — n'a pas osé ou n'a pas su formuler un avis. Le suivant, mon camarade Mancier, a exprimé carrément le sien : « Il faut maintenant, dit-il, nous mettre à la recherche de la cavalerie ennemie et la combattre. »

Tout le monde a partagé ce sentiment. Malheureusement, dans tous les environs, à l'exception de quelques escadrons divisionnaires, protégés par leur infanterie, l'ennemi n'avait pas de cavalerie. Nous n'avons donc rien pu faire.

Enfin, vers 4 heures du soir, après que l'épouvantable canonnade engagée autour de Sedan eut cessé de se faire entendre, les débris de la division se mettaient en marche dans la direction de Charleville où ils arrivaient au milieu de la nuit.

Notre retraite s'est ensuite effectuée par Maubert-Fontaine, Hirson, La Capelle, Avesnes et Landrecies.

En route, nous avons appris les résultats de la bataille de Sedan, la chute de l'Empire et la proclamation de la République.

Envoyé à Versailles par les voies ferrées, le 6e lanciers est resté dans cette ville pendant trois ou quatre jours ; puis il a été dirigé sur Saumur, toujours par le chemin de fer, en passant par Châteaudun, Vendôme et Tours.

A SAUMUR

Du 10 septembre au 16 octobre : Réorganisation du régiment. — Nouvelles des prisonniers.

A Saumur, où nous sommes arrivés le 10 septembre, nos hommes et nos chevaux ont été logés dans les bâtiments de l'Ecole de cavalerie, au grand scandale du personnel qui s'y trouvait encore.

Nous n'étions pourtant pas très nombreux, puisque, après nos pertes de Frœschwiller et de Sedan, c'est à peine s'il nous restait cent cinquante chevaux et autant d'hommes. Mais nous étions, paraît-il, des messieurs fort encombrants.

Troublés dans leurs habitudes, choqués par nos allures dégagées et peut-être, en effet, un peu trop libres à leur égard, les officiers du cadre ne nous pardonnaient pas d'avoir envahi leur arche sainte et, trop manifestement, ils nous considéraient comme des infidèles et des intrus.

Bon gré mal gré, il leur a bien fallu pourtant se résigner à nous subir et même à nous venir en aide; car, le gouvernement de la Défense nationale ayant pris la résolution de continuer la lutte, notre régiment a été invité à procéder sans retard à sa réorganisation en utilisant, à cet effet, les ressources de toute nature disponibles à l'Ecole. C'est ainsi que celle-ci a dû nous livrer des chevaux, des harnachements, des armes et une foule d'autres objets, grâce auxquels, en moins d'un mois, le régiment se trouvait prêt à reprendre la campagne.

Entre temps, pour combler les vides qui existaient

dans les cadres, on avait fait pas mal de nominations et presque tous nous étions montés d'un grade. Notre colonel, promu général, avait été remplacé par le lieutenant-colonel Pollard, du 8ᵉ dragons. Pour mon compte, j'ai été nommé lieutenant le 11 octobre, quatre jours avant notre départ pour l'armée de la Loire.

Pendant notre séjour à Saumur, nous avons reçu les premières lettres de nos camarades faits prisonniers le 6 août à Frœschwiller. Au nombre de onze, ces officiers se trouvaient internés dans toutes les parties de l'Allemagne : quatre à Francfort-sur-l'Oder, un à Munich, un à Persleberg, d'autres à Cassel, etc. Ces lettres nous ont fait connaître, avec le chiffre des pertes subies, les conditions dans lesquelles nos deux premiers escadrons avaient pris part à l'affaire de Morsbronn.

Les officiers tués étaient au nombre de cinq : MM. Pouët et Lefèvre, capitaines commandants ; Malraisont, capitaine adjudant-major ; Bardy et Bocheron, lieutenants. Ce dernier, blessé au ventre par une balle, n'était pas mort sur le coup, mais huit ou dix jours plus tard, au village de Bischwiller, où on l'avait transporté à l'issue de la bataille.

Pour la troupe, le chiffre des tués était de cinquante-six, dont un sous-officier, ce qui représentait environ le tiers de l'effectif des hommes ayant pris part à la charge.

Parmi les blessés, on comptait un officier, M. le sous-lieutenant Vieil-Lamare, qui a reçu quatorze coups de sabre dans les circonstances les plus dramatiques. Ayant eu son cheval tué pendant la charge, cet officier se retirait du champ de bataille lorsqu'il a été assailli par sept cavaliers allemands. En présence de cette agression inqualifiable et injustifiée, puisque le combat avait cessé depuis déjà assez longtemps, M. Vieil-Lamare a saisi son revolver et l'a déchargé dans le tas de ses nombreux adversaires. Deux de ces derniers, paraît-il, seraient tombés; mais les autres, furieux, et frappant à coups redoublés, ont fini par l'accabler.

Ne pouvant plus recharger son arme, après avoir tiré les six coups qu'elle contenait, l'officier a mis le sabre à la main, non pour frapper, mais pour parer en plaçant la lame au-dessus de sa tête. Dans cette lutte, sous l'action violente des coups qu'on lui portait, son sabre a été brisé. Alors, il ne lui restait plus que ses mains pour se défendre. En un instant elles étaient hachées, la tête elle-même était entamée et le malheureux officier, étourdi, ensanglanté, la figure balafrée, tombait inanimé.

Aussitôt, l'un des dragons ennemis a mis pied à terre et s'est empressé de le dévaliser. On lui a enlevé ses épaulettes, sa giberne, sa dragonne et finalement son porte-monnaie. Puis l'homme est remonté à cheval et les dragons, satisfaits, se sont éloignés.

Etendu dans un sillon, à moitié étouffé par le sang, l'officier n'était pas mort; il avait seulement perdu connaissance. Revenu à lui, il a rassemblé tout ce qu'il lui restait de force et d'énergie, et, dans un suprême effort, il s'est redressé.

Malheureusement, ses bourreaux, comme des oiseaux de proie, rôdaient encore dans les environs. Ils l'ont vu se relever et sont revenus sur lui, bien décidés, cette fois, à l'achever.

« Comment, a dit l'un d'eux à haute voix et en français, ce cochon-là n'est pas encore mort? » Et, sautant à bas de cheval, puis mettant le sabre à la main, ce sauvage en a plongé la pointe dans la tête de l'officier, comme s'il voulait la clouer au sol. Cet exploit accompli,

les Allemands se sont définitivement retirés, pensant
bien, pour le coup, en avoir fini.

En les voyant revenir, Vieil-Lamare avait compris
que son heure dernière avait sonné. Mais, comme il
lui répugnait d'implorer la clémence de ces brutes, il
était retombé sur le sol, résigné au sort qui l'attendait.

Chose extraordinaire, à peine croyable, et véritable-
ment providentielle, ce dernier coup de pointe, porté
tout à côté de la veine jugulaire, ne devait pas le tuer.
Complètement évanoui, il serait probablement mort
tout de même si, par un heureux hasard nouveau, quelqu'un n'était venu à son secours. Or, précisément, le
maréchal des logis Mille et plusieurs hommes de son
peloton avaient été également démontés pendant la
charge. Réfugiés dans un bouquet de bois voisin pour
échapper à la poursuite de l'ennemi et aux recherches
de ses patrouilles, ces hommes venaient de le quitter
pour gagner une retraite plus sûre, lorsque, traversant
le champ de bataille, ils ont découvert leur officier dans
le triste état ci-dessus indiqué.

L'ayant examiné, soulevé et tâté, ils ont pu constater
qu'il respirait encore. Alors l'un d'eux est allé chercher
de l'eau dans un ruisseau voisin, à l'aide d'une gamelle
ramassée parmi les débris; l'officier a été lavé, essuyé
et, sous l'influence de l'eau froide, il n'a pas tardé à reprendre ses sens.

Peu après, on le déposait avec précaution dans une
des voitures requises pour recueillir les blessés, on le
transportait dans une ferme des environs, transformée
en ambulance, et, le lendemain, après que les médecins
l'eurent pansé, on l'expédiait dans un village, d'où,
quelques jours plus tard, il était évacué sur une ville
allemande des bords du Rhin, assez guéri déjà pour

être, désormais, traité en prisonnier. Enfin, au bout de quelque temps, on l'envoyait à Persleberg !

Ces nouvelles, attendues avec l'impatience que l'on peut imaginer, n'ont pas eu seulement pour résultat de nous fixer sur le sort de nos camarades des 1er et 3e escadrons. Elles ont encore permis au colonel de faire donner aux officiers en captivité la part d'avancement qui leur revenait au titre de l'ancienneté.

Ainsi, au régiment, grâce à la sollicitude du chef de corps, les absents n'ont pas été oubliés. Je mentionne ce fait, tout à l'honneur du colonel Tripard, parce que, dans beaucoup de régiments, les officiers tombés entre les mains de l'ennemi n'ont été l'objet d'aucune récompense, et aussi pour que cet exemple puisse, le cas échéant — il y a toujours des prisonniers, même en cas de guerre heureuse — servir de leçon.

C'est aussi pendant sa captivité que M. Vieil-Lamare, l'officier aux quatorze coups de sabre, a reçu la croix des braves.

Enfin, grâce à la correspondance échangée entre le régiment et les officiers en captivité, on a pu se faire une idée exacte de ce qui s'était passé dans cette malheureuse charge de Morsbronn.

Quand la brigade de cuirassiers Michel a été invitée à charger par le général Lartigue, nos deux escadrons, bien que n'appartenant pas à cette brigade, mais placés derrière elle, ont suivi le mouvement. Au fond, rien ne les y obligeait, si ce n'est pourtant la solidarité, c'est-à-dire une considération d'ordre moral très élevée et très humaine, car le général Michel ne leur a pas donné d'ordre. Mais, en fait, ils ont agi conformément aux vrais principes, et personne ne songera jamais à blâmer leur détermination, digne, au contraire, des plus grands éloges.

Seulement, ce que nous ne savions pas encore, c'est que les deux escadrons n'avaient pas été conduits à la charge par leur chef. Pour des raisons d'ordres divers, celui-ci, officier très distingué, était depuis quelques jours détaché, à titre officieux, à l'état-major; de sorte qu'à l'instant où la situation est devenue critique, le plus ancien des deux capitaines commandants, M. Pouët, qui n'exerçait le commandement des escadrons qu'à titre également officieux, s'est trouvé dans un embarras facile à comprendre. Devait-il suivre les cuirassiers? Devait-il, pour prendre un parti, attendre les instructions de son chef de service? Ces questions, nous le savons, se sont présentées à son esprit. S'il suivait, ne consultant que son courage — et il était d'un caractère emporté, bouillant, impétueux — n'encourrait-il pas une lourde responsabilité, ne lui adresserait-on pas de graves reproches? Et, s'il ne suivait pas, ne le taxerait-on pas de pusillanimité et qui sait de quoi encore? Sans compter qu'il ne faut jamais laisser passer l'occasion propice d'agir. Enfin, coûte que coûte, son devoir élémentaire ne consistait-il pas à soutenir les camarades, à les appuyer, à leur servir de réserve?

Cependant, avant la charge, alors que les événements prenaient une tournure grave, le capitaine — pour l'acquit de sa conscience — a envoyé l'adjudant à la recherche du commandant, afin de le mettre au courant de la situation et pour lui demander la conduite à tenir dans la circonstance.

Mais les cuirassiers se sont mis en mouvement, pour charger, bien avant le retour de l'adjudant. Il fallait donc prendre une décision, et le capitaine Pouët a suivi les camarades. Les régiments se sont, paraît-il, portés à l'attaque en colonne d'escadrons, le 8ᵉ cuirassiers en tête, suivi, dans le même ordre, par le 9ᵉ cuirassiers et les deux escadrons du 6ᵉ lanciers. Le terrain, parsemé de bois et de houblonnières, ne permettait guère, d'ailleurs, de prendre une autre formation.

Quoi qu'il en soit, au moment où les escadrons défilent entre ces houblonnières et ces bouquets de bois, qui sont remplis de fantassins prussiens, ces derniers font pleuvoir sur nos malheureux cavaliers une grêle de balles qui en jettent bas une bonne partie. Les chevaux des cuirassiers du 8ᵉ, tout particulièrement atteints par les premières salves, roulent et culbutent les uns sur les autres, barrant ainsi la route aux escadrons qui suivent et pour lesquels le feu de l'adversaire devient, par suite, de plus en plus meurtrier. Nonobstant, la masse de la colonne, lancée comme un boulet et filant toujours en avant, arrive à l'entrée de Morsbronn. Mais l'unique rue du village, d'ailleurs fort étroite, est barricadée, et, de toutes les issues des maisons, bondées de troupes ennemies, part un feu d'enfer qui foudroie ceux de nos cavaliers demeurés jusque-là encore à peu près intacts. Enfin, à de rares exceptions près, tout ce qui n'est pas tué est obligé de se rendre.

Alors, il y eut là quelques scènes terriblement émouvantes. Un de nos camarades, officier du plus rare mérite et d'une bravoure chevaleresque, Charles Giraud, neveu du membre de l'Institut, ne voulait absolument pas se constituer prisonnier. Démonté au dernier moment, il était entré dans la cour d'une ferme, et, là, campé sur un tas de fumier et le sabre à la main, il refusait obstinément de se livrer aux officiers allemands venus pour s'en emparer. Enfin, il ne fallut rien moins, pour le calmer, que les exhortations de ses camarades d'escadron et compagnons d'infortune, et ce ne fut pas sans peine.

ARMÉE DE LA LOIRE. 16ᵉ CORPS

Le dimanche 16 octobre, vers 5 heures du soir, le 6ᵉ lanciers, reconstitué sur le pied de quatre escadrons, quittait Saumur par les voies rapides pour se rendre à Blois.

A cette date, l'armée de Metz était bloquée par le prince Frédéric-Charles ; la capitale investie par les armées du prince Royal de Prusse et du prince Royal de Saxe, opérant ensemble sous les ordres du Roi, dont le quartier général se trouvait à Versailles ; le 1ᵉʳ corps bavarois, sous von der Thann, occupait Orléans et les environs, tandis que plusieurs divisions de cavalerie battaient l'estrade du côté de Chartres.

Quand nous sommes arrivés à Blois, la population était en proie à de vives inquiétudes ; on signalait déjà les Prussiens à Mer, c'est-à-dire à quatre lieues à peine, et l'on s'attendait à les voir apparaître d'un moment à l'autre.

Cependant, des troupes de toutes armes arrivaient par le chemin de fer, venant principalement de la direction de Tours. Mais, sur toutes les physionomies des habitants, la crainte dépassait visiblement les espérances.

On nous a mis au bivouac sur le terrain de manœuvres, au bout du pont qui part de Blois, sur la rive gauche de la Loire. Un régiment de cuirassiers et un régiment de dragons s'y trouvaient déjà installés.

Le 17, le colonel m'a délégué pour aller chercher à Tours des revolvers Remington destinés au régiment. Ces armes ont été distribuées aux escadrons le 18.

Le 19, vers 1 heure, par une pluie fine, nous avons quitté Blois pour nous rendre à Oucques. En arrivant dans cette localité, à la tombée de la nuit, nous y avons trouvé le 38° régiment d'infanterie de marche.

On nous a fait bivouaquer à l'entrée du village, sur la route de Vendôme. Mon escadron, le 4°, désigné pour aller en grand'garde, s'est porté en avant par cette route et s'est arrêté à hauteur du hameau de Villegomblain, à environ trois kilomètres d'Oucques.

Arrivé au point indiqué, l'escadron a disposé quelques vedettes, placées un peu au hasard, à cause de l'obscurité et qu'il a été très difficile de relever ensuite parce qu'on ne pouvait plus les retrouver. Mais il n'y avait pas grand inconvénient à les laisser en faction, car, à la grand'garde, nous étions aussi mal que possible. En effet, la pluie n'a presque pas cessé de tomber pendant toute la nuit; il faisait un vent violent et glacial, et nous avons beaucoup souffert de toutes ces intempéries.

Le lendemain, vers 8 heures du matin, le 3° escadron est venu nous relever. Mais, à peine étions-nous de retour au bivouac, où nous espérions nous dédommager un peu des fatigues et des souffrances de la nuit passée aux avant-postes, que nous avons dû monter à cheval par alerte. On disait qu'une colonne de 3.000 Prussiens marchait sur Oucques et qu'elle n'en était plus très éloignée.

Nous avons pris la route de Châteaudun par Ecoman, les 5° et 6° escadrons suivant la route, le 3° marchant à droite et le 4° à gauche, à environ 500 mètres et à hauteur des deux premiers, chaque groupe précédé d'un certain nombre d'éclaireurs. Le régiment d'infanterie venait derrière.

Nous n'avons pas tardé à savoir de quoi il était question. En réalité, l'ennemi signalé se composait de quelques escadrons de cavalerie, envoyés, dans la matinée, des environs de Coulmiers, où ils étaient cantonnés, en reconnaissance vers Morée, sur le Loir, par la grande route d'Orléans au Mans.

Cette route est coupée perpendiculairement par celle de Blois à Châteaudun, que nous suivions, de sorte que nous nous trouvions sur le flanc de la reconnaissance ennemie et qu'en nous portant à l'intersection des deux routes avant son retour de Morée, nous pouvions lui barrer la retraite et la placer, en somme, dans une position assez critique.

Malheureusement, nous sommes arrivés trop tard. En effet, au moment où nous débouchions d'Ecoman, la reconnaissance, revenant de Morée et ayant peut-être eu vent de notre présence, défilait devant nous à toute allure. Nos fantassins lui ont bien envoyé de loin quelques coups de fusil, mais sans l'atteindre.

Quant à nous, partant également à fond de train, nous l'avons poursuivie jusque vers Binas, sans obtenir d'autre résultat que la satisfaction de lui avoir donné la chasse. C'était peu, en comparaison du succès que nous aurions pu remporter si nous nous étions montrés plus diligents.

C'est pendant cette poursuite que mon revolver a raté. Me trouvant en tête de colonne et désespérant d'atteindre les cavaliers prussiens avec mon sabre, j'ai tiré mon arme à feu de sa fonte, pour avoir au moins le plaisir de la décharger dans le tas. Mais j'ai eu beau presser la détente, aucun coup n'est parti : le mécanisme ne fonctionnait pas. De dépit, j'ai jeté cette arme maudite dans les champs, où elle est peut-être encore.

Après cette inutile randonnée, le régiment est revenu à Moisy, où il s'est arrêté un moment. Puis il a été réparti de la manière suivante : le 4° escadron à Morée, le 3° à Ecoman, les 5° et 6° à Oucques.

A Morée, où, après avoir galopé toute la journée sans rien prendre — je veux dire sans rien boire ni manger — nous sommes arrivés vers 4 heures du soir, nous nous sommes installés au bivouac près du village, sur la route d'Orléans.

Bien que l'escadron eût passé la nuit précédente tout entier aux avant-postes, il fallait pourtant le couvrir. C'est mon peloton, le 1er, qui a été désigné pour aller en grand'garde. Rude corvée pour une troupe ayant couru toute la journée et n'ayant pas fermé l'œil depuis près de quarante-huit heures ! Aussi, je n'étais pas sans éprouver une certaine appréhension en me rendant au poste dont l'emplacement avait été choisi par mon capitaine commandant. Pour moi, responsable de la sécurité de l'escadron, j'étais bien sûr de pouvoir veiller toute la nuit. Mais mes hommes, déjà exténués, ne se laisseraient-ils pas envahir par le sommeil ? Il fallait, en outre, leur procurer des vivres, car nous n'avions aucune provision dans les bissacs, et, depuis la veille au soir, nous n'avions rien mangé, les chevaux non plus.

Heureusement qu'à côté de mon poste se trouvait une ferme dite de la Tuilerie. Après avoir placé les vedettes, commandé les rondes et patrouilles, j'allai trouver le propriétaire et je lui demandai de vouloir bien, à charge de paiement, nous faire préparer de la soupe et nous délivrer du pain, de l'avoine et de la paille. En ce temps-là, les réquisitions étaient inconnues, et il fallait se débrouiller comme on pouvait.

Pour la nourriture des hommes, je tombai on ne peut mieux, car ce jour-là, précisément, à la ferme on venait de tuer un porc. Ces braves gens nous firent donc une soupe excellente et nous préparèrent un plat énorme composé avec les « réjouissances » du compagnon de saint Antoine, sacrifié dans la matinée ; le tout pour la somme très raisonnable de 15 francs. Et nous étions vingt-six !

Pour tenir mes vedettes en éveil, j'avais organisé un service de ronde permanent, et, pour permettre au gros de la grand'garde de se reposer tout en veillant, j'avais fait disposer des bottes de paille près d'une haie, ce qui formait un siège très agréable. Assis sur ces bottes, les hommes tenaient les chevaux par le bout des rênes passées par-dessus l'encolure, et le peloton pouvait ainsi monter à cheval au premier signal. On pouvait même s'assoupir un peu sans trop de danger.

Nous en étions là, assez bien, en somme, lorsque vers minuit, un de mes brigadiers de ronde est arrivé et m'a dit tout bas, presque mystérieusement : « Mon lieutenant, il y a au moins un peloton de Prussiens qui vient de traverser la ligne des vedettes et qui marche dans notre direction. » Assurément, il n'y avait là rien d'impossible, puisque nous étions en présence de l'ennemi. Néanmoins, je doutais très fort : « Vous êtes bien sûr, lui dis-je, de les avoir vus ? » — « Parfaitement sûr. »

A l'annonce de cette nouvelle, j'avais fait naturellement monter les hommes à cheval, et je me tenais prêt à tout événement. Cependant, ne voyant rien venir et n'entendant aucun bruit, j'envoyai un de mes sous-officiers en reconnaissance vers le point où l'ennemi m'était signalé. Mais ce sous-officier revenait bientôt, n'ayant rien trouvé et rapportant que les vedettes, qu'il avait interrogées, n'avaient rien vu non plus. Le rapport du brigadier n'était donc qu'une fable, un conte à dormir debout.

Je cherchai à m'expliquer comment ce gradé avait pu à ce point s'abuser, et, après examen, je reconnus que son erreur provenait tout simplement de ce que les vedettes, au lieu de rester immobiles, se déplaçaient latéralement, se promenant à droite et à gauche du point qui leur avait été assigné, pour se réchauffer un peu, ce qui avait eu pour effet, grâce à l'épaisseur du brouillard, de les faire prendre pour un groupe important de cavaliers. Le brigadier n'avait pas vu de Prussiens, qu'il eût été bien en peine de distinguer, d'ailleurs, à cause de l'obscurité, mais le mouvement de va-et-vient des vedettes lui avait donné l'illusion de la présence de plusieurs cavaliers là où il n'y en avait en réalité qu'un seul ou deux au plus.

Néanmoins, je crus devoir laisser mes hommes à cheval pendant un moment; et, comme quelques-uns, cédant au sommeil, se penchaient un peu trop sur l'encolure de leurs chevaux, je les plaçai le nez au vent, face au nord, en les prévenant qu'ils y resteraient jusqu'au matin s'ils ne conservaient pas une attitude plus convenable.

Enfin, dans la matinée, nous rentrions à l'escadron. Celui-ci est resté à Morée jusqu'au 24. En même temps que nous, il y avait dans cette localité un bataillon de Loir-et-Cher, du 76e mobiles, commandé par M. de Montlaur. Parmi les officiers de ce bataillon, je me rappelle quelques noms : Froger des Chênes, Lébert, de Beaucorps, de La Grange, Breton, Marut de L'Ombre, ce dernier, frère d'un capitaine de mon régiment.

Ces messieurs, pendant notre séjour à Morée, nous ont offert obligeamment de partager leur pension, qu'ils prenaient dans une auberge du village. C'est par eux que nous avons appris les détails du combat et de la prise de Châteaudun, le 18 octobre.

Au bivouac de Morée, un de nos maréchaux a été blessé très grièvement au pied par son propre revolver. Cette arme, le revolver Remington, était excellente, mais, placée dans la sacoche, elle était très dangereuse.

Le 24, nous avons été rappelés à Oucques, ainsi que le 3° escadron, qui était à Ecoman.

Le même jour, le 5° escadron allait à Ecoman remplacer le 3°, et le 6° était envoyé à Saint-Léonard.

Enfin, le 29, les quatre escadrons se trouvaient réunis, au bivouac, entre ce dernier village et Marchenoir.

Le 30, dans la matinée, nous sommes montés à cheval inopinément pour aller en reconnaissance du côté d'Ouzouer-le-Marché, où l'ennemi, disait-on, venait d'arriver et procédait à une réquisition. Nous avions été renforcés par une partie du 3° chasseurs, dit 3° régiment de cavalerie mixte.

Nous venions de dépasser Binas, quand nous avons aperçu, en effet, quelques cavaliers placés en observation en avant d'Ouzouer. A notre approche, ces cavaliers ont tiré quelques coups de pistolet, sans doute pour avertir leurs camarades, puis ils se sont sauvés à toute bride. Nous les avons suivis non moins vite; mais ils avaient trop d'avance pour que nous puissions les rattraper. L'un d'eux, toutefois, est resté entre nos mains, son cheval ayant été blessé mortellement par un maréchal des logis du 3° chasseurs qui avait tiré sur lui à la course.

Lorsqu'il a roulé par terre avec son cheval, et qu'il nous a vus arriver sur lui à la charge, cet homme a placé son casque au bout de son sabre, et il s'est mis à l'agiter, voulant indiquer par là qu'il se rendait et qu'on ne lui fît pas de mal. C'était un grand diable de cuirassier bavarois, absolument imberbe. On l'a placé dans une carriole, qu'on était allé chercher à Ouzouer, et on l'a ramené à Marchenoir, où il a été remis à la gendarmerie, après avoir été interrogé par le général Ressayre, commandant la division.

Cette capture était peu de chose, et notre opération avait, par le fait, échoué, puisque les quarante ou cinquante hommes qui étaient venus déjeuner à Ouzouer, avertis par leurs vedettes, avaient pu se replier sur leurs cantonnements sans essuyer d'autre perte que celle de ce cuirassier.

Le lendemain 31 octobre, le régiment n'a pas bougé.

Le 1er novembre — fête de la Toussaint — vers 2 heures après-midi, nous sommes montés encore à cheval par alerte, toujours pour aller à Ouzouer-le-Marché, village riche où l'ennemi pratiquait sans cesse des réquisitions. Ce jour-là, il y était venu avec une colonne assez forte et deux pièces de canon. En conséquence, nous y sommes allés deux régiments avec une batterie à cheval. Il faisait un temps très clair et un froid déjà très vif.

La colonne a suivi la route de Marchenoir à Ouzouer par Saint-Laurent-des-Bois et Chantôme, puis, après avoir dépassé le hameau de L'Orme, elle s'est jetée à travers champs, se formant en bataille, l'artillerie au centre, la cavalerie aux ailes, celles-ci en avant, de manière à pouvoir envelopper le village, dans lequel l'ennemi était censé se trouver.

Pendant que nous prenions ce dispositif en forme de fer à cheval, un coup de feu a retenti; tout le monde a mis le sabre à la main sans ordre, spontanément; mais ce n'était qu'une fausse alerte, provoquée par un maladroit quelconque qui avait laissé son fusil partir tout seul. Bientôt, en effet, nos éclaireurs sont revenus, disant que l'ennemi avait décampé depuis longtemps et qu'il n'y avait personne dans le village. Encore une belle occasion manquée ! On nous a fait faire demi-tour, et nous sommes rentrés au bivouac, déconfits et un peu furieux de tous ces dérangements inutiles.

Pour comble de malheur, au retour nous avons trouvé la proclamation enflammée de Gambetta au sujet de la capitulation de Metz : « Français, élevez vos cœurs, etc... » Tout le monde était consterné.

Le lendemain, jour des morts, nous étions encore sous la tente, quand un bruit de trompettes sonnant la marche est venu nous éveiller. C'était un tringlot qu'on allait fusiller à quelques pas de notre bivouac. Il avait, je crois, donné une gifle à son brigadier-fourrier.

Presque à la même heure, un peu plus loin, à côté d'un autre bivouac, on a fusillé également un sergent-major et un mobile, celui-ci je ne sais pour quel motif, l'autre pour avoir dérobé une poule ou une oie dans une ferme.

Ces exécutions sommaires ont produit une impression pénible, mais salutaire. Elles ont atteint le but qu'on poursuivait. Dans les circonstances où nous nous trouvions, nous avions besoin d'une discipline très exacte. Et l'on ne pouvait espérer l'obtenir et la maintenir dans l'état de rigueur exigé par la situation que par l'emploi des moyens extrêmes.

Quelques jours auparavant, à Oucques, pendant que le régiment était à la distribution des vivres, un de nos sous-officiers, voyant passer près de lui une voiture chargée d'effets d'habillement destinés à une autre troupe, avait tiré un gilet de tricot, en disant aux hommes qui l'entouraient : « Vous voyez, ce n'est pas plus malin que çà. » On ne pouvait donner de conseils plus pernicieux, ni un plus mauvais exemple.

Puni de salle de police par un officier qui avait été témoin du vol et qui, en outre, avait entendu le propos qui l'aggravait, le sous-officier a été traduit devant la cour martiale instituée le jour même au régiment pour statuer sur ce cas, et il a été condamné à sept ans de travaux forcés et à la dégradation militaire.

Il faut dire que ce sous-officier provenait des débris de nos deux premiers escadrons, qu'il avait pris part, comme brigadier, à la charge de Morsbronn, où, d'après son propre témoignage — et l'on n'avait pas demandé mieux que de le croire sur parole — il avait accompli des prouesses telles qu'en arrivant au camp de Châlons, vers le 20 août, on lui avait donné d'abord les galons de maréchal des logis, puis la croix de chevalier de la Légion d'honneur.

Cependant, la cour martiale instituée au régiment a reçu un blâme des plus sévères pour s'être montrée trop indulgente à l'égard de ce sous-officier. On lui a rappelé qu'une cour martiale n'était pas un conseil de guerre ordinaire et qu'elle ne pouvait appliquer qu'une seule peine, la mort, ou prononcer l'acquittement.

Comme ceci se passait au début du fonctionnement de ces tribunaux exceptionnels, l'affaire en est demeurée là, c'est-à-dire que le jugement n'a pas été modifié; mais tout le monde a frémi en pensant que, pour une simple peccadille, on pouvait être fusillé.

Le 3 novembre, vers 10 heures du matin, nous avons quitté le bivouac de Saint-Léonard pour aller en prendre un autre un peu plus au sud entre Maves et Pontijoux. La brigade légère du général Tripard, notre ancien colonel, est venue nous rejoindre dans la soirée.

L'armée de la Loire grossissait à vue d'œil. A chaque

instant on voyait arriver de nouveaux régiments d'infanterie, de mobiles, de cavalerie. Toutes ces troupes se réunissaient en arrière de la forêt de Marchenoir ou sur ses flancs. Bientôt elles furent assez nombreuses pour former deux corps d'armée, le 15° et le 16°.

Au bivouac de Maves, afin de nous permettre d'explorer le pays, de prendre des renseignements sur l'ennemi et de nous assurer des positions qu'il occupait, nous étions autorisés à nous absenter individuellement entre les repas.

J'ai mis cette latitude à profit pour faire aussi quelques emplettes, car le froid commençait à se faire sentir, et il était prudent de s'approvisionner en conséquence. C'est ainsi que, le 4 novembre, j'ai acheté à Blois une peau de mouton assez belle, qui m'a coûté, il est vrai, 18 francs et qui m'a rendu par la suite les plus grands services.

Ce jour-là, notre bivouac, installé à droite et à gauche de la route allant à Mer, a été traversé par un cabriolet dans lequel se trouvait un officier de chasseurs à cheval ou, du moins, un monsieur qui en portait l'uniforme. Personne ne connaissait cet officier, ce qui, certes, n'avait rien de surprenant. Pourtant, quelqu'un ayant dit : « C'est peut-être un officier prussien déguisé », cette hypothèse s'est répandue dans le bivouac comme une traînée de poudre; un officier et quelques hommes ont sauté à cheval et se sont lancés à sa poursuite. Mais il était déjà trop tard. Les cavaliers n'ont pas pu rattraper la voiture, qui a disparu à l'horizon, filant vers Mer à fond de train. Etait-ce bien un officier prussien? C'est probable. En tout cas, il avait, pour dérouter les soupçons, employé un des moyens les plus pratiques et dont on ne saurait trop recommander l'usage aux officiers chargés du service de découverte. Parce que nous avons été joués, ce n'est pas une raison pour méconnaître la valeur de cette ruse de guerre, ni pour refuser à l'officier ennemi qui a eu l'idée d'y avoir recours de s'être montré, en somme, très crâne.

Le 7 novembre, après le déjeuner, je m'étais mis en route pour Mer, et je venais de dépasser La Chapelle-Saint-Martin, lorsque, sur ma gauche, un coup de canon a retenti, suivi bientôt de plusieurs autres, à intervalles égaux. Je me suis hâté de revenir au bivouac, où tout le monde se préparait à monter à cheval. Mais nous n'avons pas bougé. Seulement, dans la soirée, nous avons su ce qui s'était passé. Une colonne ennemie, forte d'environ 2.000 hommes de toutes armes, avait fait dans la journée une reconnaissance offensive sur la forêt de Marchenoir, du côté d'Autainville, Vallière et Saint-Laurent-des-Bois, et nos avant-postes, soutenus par des troupes placées en arrière, l'avaient repoussée, après lui avoir infligé des pertes assez sérieuses. Soixante-quatorze prisonniers étaient restés entre nos mains, la plupart ayant été pris à Autainville par un peloton du 4e dragons de marche, commandé par le lieutenant Dupin.

C'est dans ce combat que le lieutenant Marut de L'Ombre, des mobiles de Loir-et-Cher et frère d'un de nos capitaines, a tué, à Saint-Laurent-des-Bois, un capitaine des hussards de Silésie — 6e hussards — fait pour lequel ses camarades lui ont décerné un revolver d'honneur.

Le 8 novembre, avant le jour, nous étions déjà à cheval. Le brouillard était intense, le froid assez vif. Nous avons traversé Maves et marché sur Saint-Léonard en passant par La Madeleine-Villefrouin. Vers 8 h. 1/2, nous étions à Autainville, où s'était livré en partie le combat de la veille, et où nous avons trouvé

plusieurs régiments de cavalerie de notre division : la brigade Abdelal, 4° dragons et 3° cuirassiers de marche, et un régiment de cavalerie légère.

Après une courte halte à la sortie du village, nous nous sommes mis en route dans la direction de Verdes et Tripleville.

Le pays qui s'étend au nord-est de la forêt de Marchenoir, entre Châteaudun et Orléans, entre la Loire et le Loir, est presque complètement découvert et uniformément plat. De rares bouquets de bois, de légères ondulations de terrain, pas de cours d'eau, des villages nombreux de forme pareille, de grandes fermes ayant toutes le même aspect, des chemins nombreux et sûrs, un sol fertile qui produit surtout beaucoup de blé : c'est la Beauce, un des greniers de la France. Les Prussiens ne l'ignoraient pas; ils s'y étaient installés à l'aise, y vivaient grassement, pratiquant des réquisitions abondantes et faciles, puisque personne n'était là pour les contrarier. Mais ce système, à la longue, avait fini par épuiser les ressources du pays.

La configuration du sol se prête admirablement aux mouvements des grandes masses de troupes. On peut, sans crainte aucune, d'être arrêté par des obstacles, marcher longtemps droit devant soi. Seulement, tous les villages et toutes les fermes présentant d'un peu loin le même aspect, il n'est pas facile de s'y orienter. Aussi, pendant les marches à travers champs, on n'allait jamais sans une certaine hésitation et il n'aurait pas toujours été possible de répondre, à brûle-pourpoint, où l'on se trouvait exactement. Par exemple, ce jour-là, le 8 novembre, nous avons décrit on ne sait combien de zigzags avant d'arriver au point où nous devions bivouaquer. Enfin, vers 2 heures après-midi, nous nous sommes installés au milieu des champs, la droite vers Gaudonville près d'Ouzouer-le-Marché, la gauche en avant de Séronville, dans la direction de Prénouvellon.

La division de cavalerie Reyau, du 15° corps, arrivée un peu plus tard, s'est établie en arrière et parallèlement à la nôtre.

Nous venions de manger la soupe, et l'on préparait les tentes pour la nuit quand l'ordre de monter à cheval est venu désagréablement nous surprendre. Nos avant-postes avaient aperçu quelques patrouilles ennemies, ce qui avait fait croire à une attaque.

Nous nous sommes avancés, formés en bataille, nos trois batteries légères au centre de la ligne. Mais il a suffi d'un escadron, déployé en avant du front, pour chasser au loin les reconnaissances de l'adversaire; après quoi, nous sommes revenus au bivouac d'où nous étions partis, et le reste de la nuit s'est passé sans incident.

COULMIERS

Du 9 au 30 novembre : Bataille de Coulmiers. — Coulmelle. — Tournoisis. — Nids. — Aux avant-postes sur la Conie. — Ponthaut. — Varize. — Vallière. — Villentier. — Ferme de la Haie.

Le 9 novembre, nous avons quitté le bivouac vers 8 heures du matin, dans la formation de la veille, sur deux lignes, les trois batteries au centre de la première ligne, un régiment de cavalerie légère formant l'avant-garde et détachant au loin une nuée de tirailleurs. Il faisait un temps gris, mais le froid n'était pas très vif. De nombreux lièvres, affolés, couraient devant nous, puis, faisant demi-tour, venaient se jeter dans les jambes de nos chevaux, ce qui amusait beaucoup les hommes.

D'après les ordres reçus la veille, ordres dont j'avais eu connaissance en ma qualité d'officier détaché auprès du colonel Pollard, commandant la brigade, les deux divisions de cavalerie, fortes ensemble de onze régiments, et placées sous le commandement supérieur du général Reyau, devaient, d'une manière générale, se porter dans la direction de Patay, de façon à couvrir la gauche de l'armée en menaçant la ligne de retraite de l'adversaire.

De ce côté, venant des environs de Châteaudun, devaient également se tenir, un peu en arrière, les francs-tireurs de Lipowski.

A droite, la cavalerie devait se maintenir en relation avec la division d'infanterie que commandait l'amiral

Jauréguiberry. Cette division, qui formait la gauche de l'infanterie du 16° corps et de l'armée, avait pour objectifs Charsonville, Epieds, Champs, Saint-Sigismond, etc.

Quand nous nous sommes mis en marche, la masse de la cavalerie, disposée, comme je viens de l'indiquer, sur deux immenses lignes, a bien pris la direction générale de Tournoisis, c'est-à-dire de Patay, laissant Prénouvellon à gauche. Mais, peu à peu, tout en avançant, nous avons fait une espèce de conversion à droite qui devait nous jeter hors de la direction qu'on nous avait prescrit de suivre. Ce mouvement incompréhensible pour ceux qui, comme moi, avaient connaissance des ordres, était provoqué par la marche de détachements de cavalerie ennemie qui se repliaient devant notre avant-garde et se retiraient, non pas dans la direction de Patay, mais plus au sud, du côté de Saint-Sigismond, où se trouvaient leurs réserves.

En somme, sans s'en douter, cela est évident, la cavalerie adverse nous entraînait dans une fausse direction. On aurait donc dû ne pas courir après elle, comme notre avant-garde s'est obstinée à le faire, et, sans s'inquiéter de ces détachements, d'ailleurs peu importants, se maintenir dans la voie tracée par les ordres.

Si j'insiste sur ce point, c'est d'abord parce que ce changement d'itinéraire était contraire aux prescriptions du général en chef et puis parce qu'il devait nous faire perdre une occasion exceptionnelle de nous signaler et de cueillir les plus beaux fruits d'une des rares victoires que nous ayons remportées.

Le premier coup de canon a été tiré du côté de Bacon, à la droite de la ligne de bataille, vers 10 heures du matin.

Nous étions alors au nord du hameau de Cerqueux.

marchant sur Saint-Sigismond. Arrivés à hauteur de Champs, nous avons reçu les premiers obus d'une batterie installée près de la ferme de La Haie. Aussitôt on a fait halte ; nos batteries se sont portées un peu en avant et ont ouvert le feu sur la batterie adverse.

Pendant ce duel d'artillerie, qui a duré plus de trois heures, nous sommes restés presque constamment immobiles, sauf à un certain moment, où, les obus tombant ferme dans les rangs, on a cru devoir, pour nous distraire, nous faire exécuter quelques déplacements latéraux par des pelotons à droite ou à gauche.

Placé au centre de la division Ressayre, le 6° lanciers se trouvait juste en face de la batterie allemande et en recevait de nombreux coups. Plus à droite se tenait le 3° mixte de chasseurs, disposé un peu en équerre. Une de nos batteries avait pris position un peu en avant de l'intervalle qui séparait les deux régiments. A gauche, nous avions le 4° dragons, et une autre de nos batteries à cheval se trouvait entre ce régiment et le nôtre.

Derrière nous, à environ 600 mètres, se tenait la division Reyau, sa droite près de la ferme de Villarson.

Nos hommes, dont les trois quarts au moins voyaient le feu pour la première fois, ont très convenablement supporté cette terrible épreuve. Cependant, à certains moments, ils se penchaient tout de même un peu trop au passage des obus, je veux dire qu'ils les saluaient avec trop de respect. Ces derniers, quoique venant de près, car nous n'étions pas à plus d'un kilomètre de la batterie ennemie, n'étaient pourtant pas bien dangereux ; d'abord, la plupart n'éclataient pas, et puis ceux qui éclataient ne le faisaient qu'après s'être enfoncés profondément dans le sol, d'où les fragments sortaient entourés de terre, ce qui avait pour effet d'en amortir considérablement le choc.

Néanmoins, nous avons éprouvé quelques dégâts. Un de nos hommes a roulé tout à coup comme une masse dans un sillon. On le croyait mort, lorsque, après être resté un moment étendu sur le sol, sans mouvement, il s'est relevé et s'est mis à courir après son cheval, qui, devenu libre, gambadait autour du régiment. Mais le docteur l'ayant examiné et l'ayant trouvé blessé à la tête, ce cavalier a été conduit à la ferme de La Vallée pour y recevoir les soins que nécessitait son état. Le commandant Gérard a reçu un éclat d'obus à l'épaule droite, qui a déchiré son habit et l'a très fortement contusionné. Cet officier supérieur a dû entrer à l'ambulance, où il est resté une quinzaine de jours pour se rétablir. Un peu plus tard, le capitaine Campagnac, près de qui je me trouvais, me dit : « Je suis blessé! » Nous venions de recevoir un obus presque dans les jambes de nos chevaux. Mais, au lieu d'un éclat, le capitaine n'avait, fort heureusement, reçu à la tête qu'un morceau de terre. Enfin, dans un régiment voisin, le commandant Jacquin a eu le bras emporté, et il est mort des suites de l'hémorragie déterminée par cette horrible blessure.

Vers 2 heures, le général Ressayre, blessé également par un éclat d'obus, a été emporté à l'ambulance et remplacé dans le commandement de la division par le général Abdelal, le plus ancien des généraux de brigade.

Sans cette blessure de notre général de division, nous aurions probablement chargé la batterie bavaroise. Le colonel Pollard avait été prévenu de se tenir prêt à exécuter ce mouvement. Alors, pour se placer bien en face de l'objectif, il a fait appuyer les escadrons un peu à droite, puis, se tournant vers le régiment, il a dit : « Nous allons tout à l'heure charger cette batterie. J'entends que personne ne me dépasse, car je me réserve de donner le premier coup de sabre. Après ce sera votre affaire et je ne doute pas que vous ne vous comportiez vaillamment. » Ces quelques mots, prononcés d'une voix haute et ferme, au milị u du sifflement aigu des projectiles, ont produit une excellente impression. Les hommes se sont redressés, relevant fièrement la tête, n'attendant plus que le signal pour se lancer au galop.

Mais, presque au même instant, on est venu chercher notre docteur pour aller panser le général Ressayre, qu'un obus, tombé au milieu de l'état-major, avait jeté à bas de cheval.

En passant devant nous pour se rendre auprès du blessé, le général Abdelal, qui connaissait déjà les intentions du général Ressayre, nous a dit aussi : « Préparez-vous à charger, les lanciers ! Vous n'aurez pas besoin d'attendre mes ordres. Je vous ferai seulement signe. C'est entendu, n'est-ce pas, Pollard ? »

En attendant, les projectiles continuaient à tomber ferme. La batterie adverse avait huit pièces que nous distinguions parfaitement, bien qu'elle fût établie en arrière d'un renflement du sol que nous avions pris tout d'abord pour un épaulement. La lueur de la flamme qui partait des pièces à chaque coup qu'elles nous envoyaient nous avait permis d'en compter le nombre très exactement. D'ailleurs, nous savions que la batterie bavaroise se composait de huit pièces. Depuis le temps que nous étions là, nous avions pu également nous rendre compte de l'importance des troupes qui soutenaient cette batterie, le terrain étant complètement plat et découvert. Il y avait seulement de la cavalerie, plạ ẹ un peu en arrière à gauche, du côté de Saint-Sigismond, au plus deux ou trois régiments, et nous étions assez nombreux pour attaquer à la fois la batterie et ses soutiens. L'infanterie seule aurait pu nous faire hésiter ; mais les reconnaissances envoyées vers Saint-Sigismond avaient permis de constater qu'il n'y avait pas de fantassins dans ce village ni aux alentours.

Nous nous trouvions donc dans des conditions excellentes pour essayer d'enlever ces pièces, d'autant plus qu'à ce moment on était fatigué de rester immobiles sous leur feu, qu'on était même très énervé, et qu'on ne demandait qu'une chose, c'était de marcher de l'avant.

Mais le temps étant fort sombre et passablement brumeux, on ne distinguait pas très bien ce qui se passait autour de nous. Sur notre droite, notamment, où la canonnade et la fusillade allaient toujours croissant depuis déjà plusieurs heures, on ne savait pas si nous étions vainqueurs ou vaincus, si nous avancions ou si nous étions repoussés. Le plus probable, à en juger par le bruit du canon et des fusils, c'est qu'on demeurait stationnaire. Seulement, ce que nous autres, qui étions immobiles et condamnés à rester en place, nous ne pouvions apprécier exactement, le commandement supérieur n'aurait pas dû l'ignorer. Il aurait dû envoyer aux renseignements, se maintenir en relation constante avec l'amiral Jauréguiberry, en un mot se faire éclairer sur la situation générale et agir ensuite en conséquence.

Ce qui s'est produit tendrait à prouver qu'on ne fît rien de semblable, ou qu'on fut très mal renseigné, car il n'est pas possible d'admettre que la cavalerie se fût retirée du champ de bataille si elle avait connu le véritable état des choses à cette heure de la journée.

Toujours est-il qu'au lieu de charger la batterie bavaroise qui nous tenait sous son feu depuis environ midi, on s'est mis, vers 3 h. 1/2, à faire des pelotons à droite et à gauche, comme sur un champ de manœuvres du temps de paix; puis nous avons fait demi-tour et, lentement, sous les coups allongés de l'artillerie adverse,

qui devait être bien étonnée, nous avons repris le chemin suivi dans la matinée et gagné notre ancien bivouac
en avant de Séro :ville.

Tout le monde se figurait que nous avions perdu la
bataille. La nuit étant tombée rapidement, on apercevait
à l'horizon, du côté de Coulmiers, la lueur sinistre de
plusieurs incendies, et l'on pensait que les Allemands
brûlaient nos villages.

Or, la vérité c'est que nous étions vainqueurs, que les
positions de Bacon, du Grand-Lua, de Coulmiers, d'Or-
méteau et de Champs avaient été enlevées à l'ennemi
et que ce dernier, battu partout, avait dû se mettre
partout en retraite.

Au bivouac, la nouvelle de notre succès devait bientôt
nous parvenir; mais on n'en demeurait pas moins un peu
incrédule. En tout cas, ce n'était pas notre mouvement
rétrograde qui avait pu déterminer l'ennemi à se replier.

Sur ces entrefaites, la pluie s'est mise à tomber, une
pluie fine mêlée de neige, et nous avons passé une nuit
atroce.

Le lendemain 10 novembre, vers 9 heures du matin, nous avons quitté les environs de Séronville pour
aller du côté de Saint-Péravy-la-Colombe. Notre marche s'est effectuée avec une lenteur telle et des à-coups
si nombreux qu'à la nuit tombée nous n'étions pas
encore arrivés au nouveau bivouac qui nous avait été
assigné. La division Reyau, qui marchait derrière nous,
a été cantonnée dans Tournoisis et les environs. La
nôtre s'est installée dans les champs, près de Coulmelle,
l'état-major à Renneville.

La température s'étant considérablement refroidie, la
neige n'a pas cessé de tomber pendant toute l'après-midi
du 10; puis, la pluie a succédé à la neige, de sorte qu'en

peu de temps notre bivouac n'était plus qu'un lac de boue. Jamais encore nous n'avions été aussi mal installés, et jamais nous n'avions autant souffert. De la pluie ou de la neige à jet continu ; un froid très vif, de la boue jusqu'aux genoux des hommes et jusqu'au ventre des chevaux, aucune ressource d'aucune sorte à proximité, des distributions tardives, pas d'abri en dehors de nos petites tentes, qu'on ne savait où planter, pas de bois pour se chauffer ni même pour faire cuire la soupe, enfin, bref, une misère noire. Aussi avons-nous passé une nuit affreuse.

Le lendemain, le général est venu nous visiter. Il n'a pas trouvé notre bivouac excellent, à beaucoup près. Mais, ne sachant où nous placer, il a fallu se résigner à rester là pendant trois jours, jusque dans l'après-midi du 13.

Le 11, n'ayant rien à boire ni à manger, je suis parti à cheval vers Saint-Sigismond, à la recherche de victuailles. Dans ce village, d'ailleurs occupé par d'autres troupes, je suis parvenu, non sans peine, à me procurer une bouteille de mauvais vin. C'était déjà une assez bonne fortune.

Au retour, je me suis arrêté à la ferme de La Haie, à côté de laquelle, deux jours auparavant, se trouvait la batterie bavaroise qui devait nous canonner pendant de si longues heures. Et voici ce que le fermier m'a rapporté :

Depuis quelque temps cette batterie était cantonnée dans sa ferme, ainsi qu'un escadron de cuirassiers. Les officiers s'attendaient, paraît-il, à notre mouvement offensif. Aussi, le 9, dès 4 heures du matin, ils étaient déjà sur pied. La batterie avait pris position un peu à l'ouest de la ferme, sur le chemin de terre qui va à Saint-Sigismond. En partant, le capitaine avait dit : « Vous

mettrez ֵ poulet à la broche pour le dîner de ce soir. »
Dès le matin, les femmes de la ferme s'étaient enfuies.
Seul, le fermier était resté, mais pendant toute la durée
du combat, il s'était tenu dans sa cave, d'ailleurs très
inquiet, car plusieurs des projectiles envoyés par nos
pièces tombaient très près de sa maison.

Vers 3 heures, lorsque nos batteries ont eu cessé leur
feu et que nous nous sommes mis en retraite, le fermier,
sorti enfin de sa cachette, est venu voir ce qui se passait,
et le commandant de la batterie bavaroise lui a dit :
« Vous voyez, les Français se retirent. Ce n'est pas un
poulet qu'il faut mettre à la broche pour ce soir : c'est
une oie. »

Mais, quelques instants plus tard, cette batterie se
repliait elle-même sur Coulimelle, vivement poursuivie
par les fantassins de l'amiral Jauréguiberry.

L'emplacement de la batterie ennemie pendant la bataille était encore marqué par des traces sanglantes. Un
homme gisait étendu sur le dos, le ventre ouvert par un
éclat d'obus. Les deux chevaux qu'il tenait, et qu'il
n'avait pas lâchés, avaient également été frappés par le
même projectile, c'était visible, et leurs cadavres, déme-
surément enflés, étaient couchés l'un à droite, l'autre à
gauche de leur conducteur. Tous les trois avaient des
blessures affreuses. L'homme n'avait plus ses chaussures. Un moment j'ai craint qu'il n'eût été dépouillé
par les nôtres, mais le fermier m'a assuré que ses bottes
lui avaient été enlevées par ses camarades au moment
de se retirer.

C'était le 11 novembre, quarante-huit heures après la
bataille, et ces cadavres n'étaient pas encore inhumés.
En raison de la température, il n'y avait évidemment
aucun danger. Néanmoins, dans un but humanitaire,
j'engageai le fermier à enterrer au moins l'homme à

l'endroit même où il se trouvait, mais je n'ai jamais su s'il l'avait fait.

Un peu plus en arrière, il y avait encore plusieurs cadavres de chevaux, ce qui indiquait que notre artillerie avait aussi exercé quelques ravages dans les rangs de la cavalerie adverse.

Ayant ensuite questionné la fermière, celle-ci m'a dit que les Bavarois étaient très friands de lait. Ses vaches, au nombre d'une vingtaine, avaient peine à suffire aux besoins des officiers et des hommes logés chez elle. A chaque instant, les soldats venaient la trouver, lui demandant : « Du lait, du lait! » Mais, à part leurs exigences pour cette boisson, la fermière n'avait qu'à se louer des procédés de ses hôtes.

Enfin, après avoir beaucoup souffert dans son affreux bivouac aux environs de Coulimelle, le 6º lanciers a été envoyé, le dimanche 13 novembre, à Tournoisis, pour s'y installer en cantonnement. Il était temps de nous sortir de cet infect bourbier; la plupart des hommes étaient malades et plusieurs ont dû être évacués sur les hôpitaux.

Un peu après notre arrivée à Tournoisis, une messe a été dite, dans l'église du village, par l'aumônier de la division. Le général Reyau, le général Tillion, la plupart des officiers, ainsi qu'un assez grand nombre d'hommes de troupe ont assisté à cette cérémonie.

Tournoisis est un grand village assez riche. Nous y sommes restés cinq jours, du 13 au 17 novembre, occupés seulement à nous refaire, à nous remettre des fatigues et des souffrances endurées pendant le grand mois que nous venions de passer dehors, dans les champs boueux, je ne dirai pas à la belle étoile, car, même lorsqu'il ne pleuvait pas, le temps était presque toujours brumeux et le ciel couvert. Ce cantonnement ne présentait rien de particulièrement enchanteur.

Ce n'était pas une Capoue où l'on pouvait courir aucun danger de s'amollir.

Ainsi, nos chevaux étaient pour la plupart placés sous des hangars, voire même attachés le long des murs à l'intérieur des cours ; les hommes dormaient à proximité, dans les granges ou dans les cuisines sur un peu de paille ; tous restaient habillés, ayant leurs armes à portée, prêts à partir au premier signal.

Quant aux officiers, fort peu couchaient dans des lits. Par exemple, dans mon escadron, nous couchions tous ensemble, dans une espèce de magasin aux légumes, où il y avait notamment beaucoup de pommes de terre, et sur un simple tas de paille qu'on avait mis là pour la circonstance. Comme nos hommes, nous dormions tout habillés, toujours prêts à monter à cheval, roulés seulement dans un drap de lit, à l'angle duquel on faisait un nœud, pour y mettre la tête, comme les paysans qui, dans certains pays, pendant qu'on bat les blés, couchent à l'aire.

Le 14, nous avons appris que le général Reyau était destitué et remplacé par le général de Longuevue dans le commandement de la division de cavalerie du 15e corps. En même temps, le général Michel, le même qui nous commandait à Sedan, était appelé au commandement de notre division, en remplacement du général Ressayre, blessé à Coulmiers.

A ce propos, le journal « le Siècle » disait, dans un numéro que j'ai trouvé à Tournoisis : « Le général Reyau, qui, par une fausse manœuvre dans la bataille du 9, a empêché la capture de 5 à 6.000 Prussiens, a été révoqué sur le champ de bataille même. » Comme on vient de le voir, cette information n'était pas tout à fait exacte, au moins quant à la date du relèvement de cet officier général.

D'autre part, on ne sait pas combien nous aurions capturé d'ennemis si, au lieu de s'en aller vers Saint-Sigismond, la cavalerie, se conformant aux ordres donnés, s'était portée tout droit sur Patay par Tournoisis. Mais, si l'on en juge par le fait suivant, nul doute que l'on eût obtenu des résultats considérables.

Le matin du 10, une reconnaissanse dirigée par le commandant de Lambilly, de l'état-major de l'amiral Jauréguiberry, s'étant avancée par Saint-Péravy sur Patay, s'est emparée de nombreux convois et de deux pièces d'artillerie sans coup férir, au village de Ligne-rolles. Or, cette reconnaissance, qui avoit surtout pour mission de voir ce qu'était devenu l'ennemi, de le sur-veiller et non pas de combattre, se composait au plus d'une vingtaine de cavaliers.

Si donc deux divisions de cavalerie toute fraîche, comptant ensemble au moins 5.000 hommes, étaient tom-bées sur le corps de von der Thann après sa défaite et pendant que ce corps se retirait dans le plus grand dé-sordre, par des chemins détrempés et un temps affreux, il est permis de penser qu'une telle masse de cavalerie aurait pu capturer, sans beaucoup de peine ni surtout sans beaucoup de danger, la plus grande partie du 1er corps bavarois.

Nous avons perdu là, cela n'est pas douteux, une belle occasion de nous rendre utiles. Au cours de cette mal-heureuse guerre, la fortune ne nous a jamais gâtés. Il est fâcheux, vraiment, que le jour où, par exception, elle nous offrait si libéralement ses faveurs, nous n'ayons pas su en profiter. Ce manque d'à-propos, d'autant plus repréhensible qu'il est imputable à l'inexécution des ordres reçus, sera toujours pour nous un sujet de profonds regrets, et jamais notre pensée ne se reporte à ce moment psychologique sans que des souvenirs amers nous remontent au cœur.

Le 18 novembre, le 6° lanciers est venu cantonner à Nids et à la ferme de L'Ardillère, c'est-à-dire à trois kilomètres à peine au sud de Tournoisis. Ce n'était qu'un déplacement insignifiant.

La veille, nous avions reçu, venant de Saumur et apportées d'Orléans par une charrette, six cents paires de bottes, que notre dépôt nous envoyait. Ce réapprovisionnement de chaussures devait nous rendre les plus grands services. C'est, je pense, sur la demande faite par notre colonel à son major que cette expédition nous fut adressée. Ceci prouve que notre chef était prévoyant et s'occupait avec sollicitude du bien-être de ses hommes. Il s'occupait aussi de l'instruction de ses officiers, ce qui n'était peut-être pas non plus inutile. C'est ainsi que, pendant notre séjour à Oucques, un soir qu'il faisait clair, par hasard, cet excellent homme nous conduisit, après dîner, à l'extérieur du village pour nous enseigner l'orientation au moyen de l'étoile polaire. Je ne sais jusqu'à quel point sa démonstration fut profitable; mais, depuis ce jour, en vrais écoliers que nous étions pour la plupart, nous n'appelions plus cette étoile que l' « étoile Pollard », du nom de notre colonel.

A Nids, nous étions cantonnés un peu plus à l'aise qu'à Tournoisis. Pour ma part, j'étais logé chez un petit propriétaire qui me donna une chambre avec un très bon lit et une petite écurie, servant aussi de bûcher, où je pus mettre mes deux chevaux et celui de mon ordonnance. Ayant remarqué que ce bûcher avait déjà abrité des chevaux depuis peu de temps et pensant bien que ces animaux appartenaient à des cavaliers ennemis : « Oui, me dit le vieux grand-père, qui assistait à notre installation, c'étaient des « zurhlans » qui étaient là avant Coulmiers. »

Nous sommes restés à Nids jusqu'au 22 novembre.

Le dimanche 20, notre nouveau général a passé la revue de la division.

A cet effet, il a fait sonner à cheval dans les cantonnements à 6 heures du matin. On a cru à une alerte, à une attaque inopinée de l'ennemi. Après s'être rassemblé, le régiment se porte par Tournoisis sur la route de Châteaudun à Orléans, que l'on suit jusqu'à hauteur du hameau de Renneville. Là, on nous jette à gauche de la route au milieu des terres labourées. Les autres corps arrivent, et l'artillerie prend position face à Patay. Enfin le général Michel paraît, suivi de son état-major, tout le monde souriant, ce qui n'est pas habituel un jour d'affaire. Il nous passe tout simplement en revue, très vite, puis nous renvoie chacun chez nous.

Au moment de partir de Nids, j'avais serré la main des braves gens chez lesquels je logeais en leur disant adieu car je ne pensais pas les revoir de si tôt. « Eh bien, me revoici, leur dis-je, à mon retour. Ce n'est pas encore pour cette fois. Vous voilà condamnés à me conserver peut-être encore plusieurs jours. Savez-vous bien que je regrettais déjà ma belle petite chambre? » Et nous riions de bon cœur les uns et les autres, comme si l'ennemi avait été au fin fond de l'Allemagne au lieu de se trouver sur notre sol, à quelques kilomètres seulement; comme si nous n'avions pas été en guerre. C'est incroyable combien on s'attache vite dans les circonstances difficiles! Le jour où je suis parti tout à fait, cette fois sans espoir de retour — ce qui, d'ailleurs, était encore une erreur — ces braves gens pleuraient presque et moi aussi j'avais le cœur bien gros.

C'était le 22 novembre. Nous avons quitté Nids vers

4 heures du soir, par un vent épouvantable, et nous avons pris la route de Châteaudun. Les uns disaient : « Nous changeons de cantonnement. » « Non, répondaient les autres, c'est une reconnaissance. » La vérité, c'est que, à l'exception des officiers supérieurs, personne ne savait où nous allions, ni si nous étions chargés d'une mission quelconque.

Enfin, vers 8 heures, nous sommes arrivés à l'entrée d'un village appelé Varize. Depuis une heure environ, nous avions quitté la route de Châteaudun, pris un chemin à droite, traversé les hameaux ou villages de Villentier, Maury et Civry, par un temps horriblement noir, ce qui ne nous avait pas empêchés de remarquer que Civry venait d'être incendié et qu'il n'en restait plus que les murs noirs et calcinés.

A Varize, même spectacle, plus triste encore peut-être.

Varize est situé sur la route de Châteaudun à Orgères, à égale distance — environ quatorze kilomètres — de ces deux localités. Le village est bâti sur les bords de la Conie, petite rivière formée de deux bras qui se réunissent un peu en aval de Varize, à Nottonville. L'un de ces bras part des environs de Patay; l'autre, de Janville, près d'Orgères. Ces cours d'eau ne seraient rien par eux-mêmes, mais ils coulent au fond de ravins très larges, profonds et marécageux, qui constituent des obstacles très sérieux qu'on ne peut franchir qu'en certains points déterminés, ponts ou gués.

Lorsque nous avons quitté Nids, c'était précisément pour venir occuper ces passages, ou du moins un certain nombre d'entre eux, concurremment avec des francs-tireurs de provenances diverses : ceux de Lipowski ou de Paris, ceux de Constantine ou du capitaine Cotté, enfin ceux dits des Hautes-Pyrénées ou du capitaine Oustalet. Notre brigade — la brigade Digard — composée du 3° chasseurs et du 6° lanciers, devait occuper les passages de Varize, Pontaut, Nottonville, Vallière, Conie, qui se trouvent à peu près au centre de cette ligne de défense.

Le 22 novembre, en arrivant à Varize, un de nos escadrons a été tout de suite envoyé au passage de Pontaut, sur le chemin de Bonneval. Les trois autres sont demeurés à l'entrée de Varize, sur la rive gauche du bras sud de la Conie.

La pluie menaçait. Nous avons dû néanmoins rester sur la route ou dans la rue, les murs des maisons incendiées récemment ne paraissant pas assez solides pour qu'on pût s'en approcher. Pourtant, dans mon escadron, nous avons trouvé une masure un peu lézardée, mais encore debout — la maison du facteur — où mes camarades et moi, ainsi qu'un certain nombre d'hommes, nous avons pu faire du café et même un peu nous abriter.

Le 23, au petit jour, un autre de nos escadrons est allé s'établir à la ferme de Vallière, pendant que les deux derniers, après s'être un peu orientés, s'installaient tant bien que mal dans le village en ruines, où ils sont restés pendant deux jours.

Civry et Varize avaient été incendiés par les Prussiens vers le 15 octobre, deux ou trois jours avant la prise de Châteaudun, c'est-à-dire depuis un peu plus d'un mois ! Mais, lorsque nous y sommes arrivés, rien n'avait encore été restauré : les ruines étaient dans toute leur horreur. La plupart des habitants, n'ayant plus d'asiles, avaient disparu. A Varize, il ne restait plus guère que le maire, le curé, le facteur et deux ou trois habitants. Varize était autrefois, paraît-il, un beau village, bien frais, bien coquet. Maintenant, ce n'est plus qu'un monceau de décombres et un lieu de désolation.

Voici comment les indigènes expliquent leur infortune :

C'était pendant les premiers jours d'octobre, au moment où la cavalerie allemande commençait à se répandre dans la Beauce et rayonnait autour de Voves, où elle avait un fort détachement.

Un jour, une patrouille de quelques cavaliers arrive dans Varize, parcourt le village et s'arrête à la porte d'un cabaret. Les hommes s'empiffrent de consommation et décampent sans payer.

Indignés de la conduite de ces cavaliers peu délicats, les habitants se dirent : « Pourquoi donc ne pas les avoir arrêtés et faits prisonniers ? C'était pourtant bien facile. Nous avons des fusils. Qu'ils y reviennent ! »

Déjà, en effet, depuis le commencement de l'invasion, les gardes nationaux de Varize, de Civry et des villages voisins s'étaient organisés et s'exerçaient au maniement des armes.

Quelques jours après le passage de la première patrouille, une douzaine de uhlans s'étant de nouveau présentés dans Varize, les habitants couraient à leurs fusils, avertissant ceux de Civry, qui en faisaient autant, et, bientôt, pris entre les deux villages, les uhlans recevaient une vive fusillade, la plupart de leurs chevaux étaient tués et presque tous les hommes faits prisonniers.

Le lendemain, une colonne comprenant plusieurs escadrons s'était avancée jusqu'à l'entrée de Varize par le nord. Prévenus, les habitants s'étaient déjà embusqués dans le parc de M. de Cossé-Brissac, dont les murs avaient été, au préalable crénelés. Aussi, quand la cavalerie ennemie a voulu pénétrer dans l'intérieur du village, ce qu'elle ne pouvait faire qu'en suivant le chemin creux qui longe le parc, les escadrons ont été accueillis par des décharges meurtrières, et, finalement, ils ont dû se retirer après avoir essuyé des pertes assez sensibles.

Mais il était évident que cette résistance inattendue amènerait prochainement de terribles représailles. En effet, le 15 ou le 16 octobre, l'ennemi se présentait avec une section d'artillerie, qui se mit aussitôt à canonner le village en quelque sorte à bout portant. Les pièces, disposées sur une petite éminence qui le domine, n'étaient pas à plus de trois cents mètres des premières maisons. Nous avons encore pu constater leur position par l'empreinte des roues d'affûts.

Malgré leur bravoure éprouvée, les habitants n'étaient pas en mesure de résister à une attaque de ce genre. Quand les Prussiens ont estimé que le bombardement était suffisant, ils ont pénétré dans le village et mis, à la main, le feu aux maisons que les obus n'avaient pas réussi à démolir. Pour le château, plus solide, ils ont amené leurs deux pièces dans la cour, du côté du parc, et ils ont tiré dans la porte principale à moins de vingt mètres de distance.

Le jour où nous y étions, cette porte était encore criblée de trous d'obus, comme lors du bombardement.

Ce château n'avait cependant pas trop souffert; mais, avec l'église qui lui est contiguë, c'était à peu près tout ce qui restait debout dans Varize au moment où nous nous y trouvions en avant-postes avec les francs-tireurs de Lipowski. C'est là que, pour la première fois, nous avons rencontré Henri Chabrillat et aussi La Cécilia, deux noms connus, sinon célèbres.

Après Varize, les Prussiens ont tourné leur rage sur Civry, qui a subi le même sort.

Le 23 novembre, j'avais mon peloton rassemblé près de l'unique auberge de l'endroit. Lors de l'incendie du village, cette maison n'avait pas été épargnée plus que les autres; mais depuis, le propriétaire était revenu, il l'avait un peu déblayée, et nous l'avons utilisée pour y faire la soupe. Les hommes ont pu trouver là quelques provisions; le patron était constamment en course pour s'en procurer, laissant à sa femme le soin de la vente.

Cette femme, âgée de quarante à cinquante ans, était très grosse, mais néanmoins très ingambe. Elle avait quatre enfants, trois filles et un garçon. Deux des filles étaient mariées. La troisième, âgée de 18 ans, vivait avec ses parents, ainsi que le fils, un peu plus jeune.

Dans la nuit du 23 au 24, pendant que les propriétaires, mes hommes et moi nous nous trouvions à peu près tous rassemblés autour du feu, c'est la maîtresse de l'auberge qui m'a narré par le menu tous les détails qu'on vient de lire sur les malheurs de Varize. Cette femme était intarissable, et nous avons beaucoup ri parfois en l'écoutant, surtout lorsqu'elle nous a fait part de ses malheurs personnels.

Les Prussiens avaient, paraît-il, juré de tuer le curé, qu'ils accusaient d'avoir organisé la résistance contre leurs patrouilles et qu'ils soupçonnaient, en outre, d'être un espion à notre service. Aussi, le jour où ils sont venus incendier le village, ce pauvre prêtre — qui avait eu vent des intentions peu bienveillantes de l'ennemi à son égard — s'est empressé d'aller se cacher dans les marais de la Conie, où il est resté plusieurs jours dans des transes horribles et d'où il est sorti enfin dans l'état le plus piteux, tout couvert de vase. Les Prussiens, d'ailleurs, l'avaient cherché un peu partout, fouillant tous les coins, explorant même le marais où il s'était caché, et disant très haut : « Capout, le curé! Le curé, capout! »

Et le maire, le garde-champêtre, le boiteux du coin,

le père Jacques, la mère Thérèse, le fils un tel..., chacun avait son histoire, celle-ci héroïque, celle-là grotesque.

Mais la maîtresse de l'auberge avait aussi la sienne. Elle nous l'a racontée franchement, sans honte, sans chercher à dissimuler l'épouvantable frayeur qu'elle avait éprouvée au moment de la canonnade. Dame, pourquoi ne pas avouer ses faiblesses? Pourquoi vouloir être plus brave qu'on ne l'est réellement?

« — Aux premiers coups de canon, disait-elle, moi je suis partie. Je me suis mise à courir dans la direction de Civry, à travers champs, et j'allais tant que je pouvais, sans m'arrêter, sans me retourner. Je suis bien grosse, n'est-ce pas? Eh bien, mes enfants ne pouvaient pas me suivre. Ah! la peur vous donne de fameuses jambes, allez!

» — Comment! lui disaient mes hommes, vous laissiez vos enfants derrière vous, vous les auriez abandonnés?

» — Mes enfants!... Ah bien oui! Je n'y songeais guère! Dans ces moments-là, voyez-vous, chacun pour soi, chacun pour son propre compte. Tant pis pour ceux qui ne peuvent pas suivre!

» Tenez! ajoutait-elle, les Prussiens vont peut-être revenir. Je ne veux pas les voir. Je me sauverai comme il y a un mois, et je vous assure que je ne regarderai pas en arrière. Mes enfants se tireront d'affaire comme ils pourront, ça les regarde. Mais il ne faut pas qu'ils comptent sur moi! »

Et cette femme était sincère. Elle parlait avec un accent qui ne trompe pas. Tout d'abord, j'avais ri de bon cœur, croyant à une plaisanterie. Mais à la fin, j'étais vraiment indigné d'entendre exprimer de tels sentiments sans la moindre vergogne.

Le 24, les francs-tireurs de Lipowski occupant Varize,

ceux de nos escadrons qui s'y trouvaient ont été envoyés un peu en arrière, en réserve, au hameau de Villentier, où le commandant de notre brigade — qui commandait les avant-postes — avait établi son quartier général. Nos deux autres escadrons sont restés à la garde des passages de Vallière et de Pontaut. Le mien, le 4°, se trouvait à Pontaut, mais je suis venu à Villentier avec le colonel, qui voulait m'avoir à sa disposition pour des missions spéciales.

Le 26, dans la matinée, le canon s'est fait entendre au delà de Châteaudun. Aussitôt le général m'a envoyé dans cette ville pour savoir ce qui se passait. Châteaudun était alors occupé par les troupes du 17° corps, que l'on venait de former et que commandait le général de Sonis. Une partie de ce corps, s'étant avancée par la route de Chartres, venait d'avoir, à Yèvres, près de Brou, un engagement assez sérieux avec un détachement prussien qui opérait dans ces parages. C'est là qu'avait tonné dans la matinée le canon qui nous avait mis en éveil.

Pendant que j'étais à la mairie de Châteaudun, où l'on recevait les renseignements, on a amené quelques prisonniers, dont un officier de uhlans tout flambant neuf.

Mais ces captures étaient insignifiantes. Ce qui préoccupait davantage l'opinion, c'est que l'ennemi s'avançait en forces, venant par Brou et Courtalain. Vers 3 heures, au moment où je quittais Châteaudun pour revenir à Villentier, j'ai constaté que les troupes du 17° corps se repliaient par la route d'Orléans.

Mais, si le 17° corps évacuait Châteaudun et si l'ennemi occupait cette ville, ce qui paraissait inévitable, nous aurions là sur notre flanc gauche un dangereux voisinage ; nous allions nous trouver diablement en l'air, et nous pouvions très facilement être tournés. En arrivant à Villentier, je rendis compte au général Digard, qui n'était pas sans inquiétude pour le sort de ses avant-postes. Aussi, les chevaux restaient constamment sellés et bridés, et nous ne dormions que d'un œil.

En fait, le 17° corps s'est replié non pas sur Orléans, mais vers la forêt de Marchenoir, d'où il était parti après sa formation, et, dès le 27, les Prussiens occupaient Châteaudun.

Ce jour-là, un dimanche, je suis allé, après déjeuner, faire une visite à mes camarades de Pontaut. Il faisait un brouillard intense, à couper, comme on dit, au couteau, surtout sur les bords de la Conie.

En arrivant, vers midi, à la ferme de la Sennerie, où mon escadron était installé, je l'ai trouvé dans la situation suivante : Les 3° et 4° pelotons, sous le commandement du lieutenant Lacotte, venaient de partir en reconnaissance par la route de Bonneval. Les officiers restant : MM. Combal, capitaine-commandant, Davagnier et de La Grandière, sous-lieutenants, qui avaient déjeuné depuis un moment avant le départ des reconnaissances, prenaient le café avec le fermier, sa femme et leurs deux jeunes filles.

Comme toutes celles de la Beauce, cette ferme de la Sennerie se composait de plusieurs corps de bâtiments, dont le principal, la maison d'habitation, était situé au fond de la cour. De chaque côté, perpendiculairement à la maison d'habitation, se trouvaient des écuries, des étables, des bergeries, des hangars, etc. En face du corps de logis, à l'autre bout de ce grand rectangle, un mur très élevé avec, au milieu, la grande porte d'entrée de la ferme. A cette issue, qui était la seule par laquelle on pouvait facilement pénétrer dans la cour, le capitaine avait mis une vedette à cheval, qui se tenait à l'extérieur, observant les environs.

J'étais venu en petite tenue, sans armes et en selle nue. En arrivant, j'ai attaché mon cheval à la porte d'entrée du corps de logis, à côté de la pièce où les officiers prenaient le café. Les chevaux de l'escadron étaient dans les écuries, sous les hangars, et quelques-uns seulement attachés le long des murs de la cour. Je venais de serrer la main des camarades et j'étais à peine assis lorsqu'un coup de feu se faisait entendre à la porte d'entrée de la ferme; en même temps la vedette arrivait au galop en criant : « Mon capitaine, les uhlans! » puis s'en allait reprendre son poste.

Nous sortons tous à la fois; les femmes se sauvent, et chacun court à son cheval. Le mien était prêt, je l'enfourche et je me précipite vers la porte pour en faire fermer d'abord les battants, afin d'empêcher l'ennemi de pénétrer dans la cour, puis de donner aux hommes le temps de monter à cheval et de se rassembler. Déjà, d'ailleurs, au coup de feu, quelques hommes, à pied, étaient accourus, avaient poussé la porte, la laissant seulement entrebâillée pour voir ce qu'il y avait dehors.

Mais le brouillard était toujours tellement épais qu'il était impossible de rien distinguer à première vue. Cependant, la vedette, toujours à cheval, assurait avoir aperçu des cavaliers armés de lances avec flammes, qui ne pouvaient être évidemment que des uhlans, puisque, pour éviter les méprises, nous avions nous-mêmes retiré les flammes de nos lances, et qu'en outre, au lieu d'avoir des schapskis, comme les Prussiens, nous n'avions que des képis. La vedette ne pouvait donc pas se tromper. Au surplus, c'était un vieux cavalier assez sérieux et assez expérimenté pour être cru sur parole.

Mais il ne s'était pas trompé.

Dès que, le premier moment de confusion passé, un certain nombre d'hommes ont pu être réunis, le sous-lieutenant Davagnier s'est mis à leur tête, et, sortant de la ferme, il s'est avancé dans le brouillard, poussant devant lui, à coups de revolver, quelques uhlans qui se repliaient à travers champs.

Bientôt, les hommes arrivant les uns après les autres, les deux pelotons se sont trouvés au complet, ou à peu près, et ont continué à donner la chasse à l'ennemi.

Pendant cette poursuite, le brouillard s'était heureusement un peu dissipé, ce qui a permis de se rendre un compte à peu près exact de la situation.

En réalité, nous nous trouvions en présence d'un escadron, dont les quelques cavaliers que nous poursuivions, et qui étaient venus jusque près de la ferme, n'étaient que les éclaireurs.

Cet escadron s'est replié par la route d'Orgères et, comme nous n'étions pas assez nombreux pour le poursuivre, on s'est borné à l'observer. Puis les pelotons sont revenus à la ferme, restant à cheval pour être prêts à tout événement.

Pendant la bagarre, un des éclaireurs de l'ennemi est tombé. Mais, grâce au brouillard, cet homme a pu se sauver, laissant entre nos mains son cheval et ses armes.

Mais nos coups de revolver ayant été entendus des grand'gardes voisines, notamment d'un escadron de chasseurs qui était à Nottonville et des francs-tireurs de Lipowski cantonnés à Varize, toutes ces troupes sont venues à notre secours, de sorte qu'à un moment donné nous nous sommes trouvés avoir une force respectable à opposer à l'ennemi pour le cas où ce dernier se serait représenté en nombre.

Enfin, nos deux pelotons en reconnaissance, au sujet desquels on avait des appréhensions, ont aussi fini par rejoindre l'escadron. Ces pelotons s'étaient eux-mêmes rencontrés avec l'ennemi. Seulement, ayant cédé à la tentation bien naturelle de poursuivre une de ses patrouilles, ils étaient venus donner, au milieu du brouillard, sur la fraction la plus importante du 2° uhlans, qui les avait vivement ramenés après leur avoir enlevé trois hommes, dont un brigadier.

Le ciel se trouvant maintenant éclairci et nos forces s'étant accrues de chasseurs et de francs-tireurs, nous nous sommes tous portés du côté de Godonville, où l'on supposait devoir rencontrer les trois escadrons de uhlans qui venaient de nous enlever trois hommes. Mais nous n'avons rien trouvé, les uhlans avaient disparu, et chacun de nous est rentré à son poste.

Le 28 novembre, un des officiers du 6° escadron — qui était de grand'garde à la ferme de Vallière — étant entré à l'hôpital, le colonel m'a désigné pour aller le remplacer. Au moment où je quittais Villentier pour rejoindre ce poste, un escadron de hussards prussiens, s'avançant par la route de Châteaudun à Orgères, était venu jusqu'à Eteauville, où il faisait le coup de feu avec la grand'garde du 3° chasseurs. L'ennemi se trouvait donc sur notre flanc gauche, presque sur nos derrières, entre nos grand'gardes et leurs réserves. Par suite, on craignait que notre escadron détaché à Vallière ne fût enlevé pendant la nuit. Aussi, en me voyant partir pour ce poste, tous mes camarades m'ont serré la main, en me souhaitant bonne chance.

A Vallière, notre 6° escadron comptait environ 100 cavaliers; mais, en fait d'officiers, il n'avait plus que ses deux capitaines et un sous-lieutenant. Le capitaine-commandant — Campagnac — remplissant les fonctions de chef d'escadrons, l'escadron était commandé par le capitaine en second — Lourdel de Hénaut. Le sous-lieutenant — Fabre — commandait les 3° et 4° pelotons, de telle sorte qu'en y arrivant j'ai eu la direction des pelotons numéros 1 et 2.

Sachant ce qui se passait sur notre flanc gauche et combien nous étions en l'air, j'ai fait tout d'abord, après avoir vu les officiers, une reconnaissance minutieuse du poste et de ses environs. A Vallière, d'ailleurs, l'escadron n'était pas seul. Il y avait aussi quelques francs-tireurs de Constantine — environ une soixantaine — commandés par le capitaine Cotté, ancien officier d'infanterie. Dans les circonstances présentes, cette troupe auxiliaire pouvait nous être très utile.

Pour la nuit, en prévision d'une attaque à peu près certaine au petit jour, le service a été organisé, dans ses grandes lignes, de la manière suivante : un poste de six hommes a été placé au gué qui se trouve entre le village de Conie et la ferme de Vallières, à peu près à moitié distance de ces deux points. Un autre poste a été chargé d'observer la direction de Châteaudun, par où l'ennemi commençait déjà à se montrer. Enfin, le capitaine Cotté a disposé des sentinelles tout autour de la ferme sur tous les chemins qui y aboutissent.

Nos chevaux, sellés et bridés, étaient placés dans l'intérieur de la ferme, dans les écuries ou sous des hangars, d'où ils pouvaient sortir très facilement et très vite s'il en était besoin. Les vedettes et sentinelles devaient être tenues en éveil par des rondes permanentes. Le temps n'était pas trop mauvais; il y avait seulement beaucoup de brouillard. Naturellement, de toute la nuit nous n'avons pas fermé l'œil.

Vers 9 heures du soir, accompagné de quatre sous-officiers auxquels je voulais montrer l'emplacement occupé par les vedettes, j'ai fait une première ronde, qui m'a causé quelques ennuis. Tout d'abord, en raison de la profonde obscurité, il ne m'a pas été possible de retrouver toutes les vedettes; puis, l'une d'elles, perdant tout sang-froid en nous entendant venir, nous a gratifiés d'un coup de revolver, qui, heureusement, n'a touché personne; enfin, au moment où nous revenions à la ferme par un chemin creux, un franc-tireur en sentinelle, embusqué dans un buisson au sommet du talus, n'a jamais voulu nous permettre de passer. Le mot était « Coulommiers ». « Çà n'est pas çà », me dit le factionnaire qui me tenait au bout de son fusil et ne se serait pas gêné pour tirer si j'avais fait le moindre mouvement. Alors, comme nous venions de livrer la bataille de Coulmiers, je pensais que cet homme avait mal compris le mot vrai, assez semblable à celui-ci, et je lui dis : « Coulmiers! » Mais non : ce n'était pas encore çà. Alors, qu'est-ce que cela pouvait bien être? Je me creusai en vain la tête, sans parvenir à trouver le mot qu'on avait bien pu lui donner, ou qu'il avait cru comprendre. « Pourtant, lui dis-je, vous nous avez vus partir; vous nous reconnaissez bien, quoi qu'il fasse noir; laissez-moi au moins envoyer un de mes sous-officiers à votre capitaine — dont je citai le nom — afin de le prévenir qu'on vienne nous reconnaître, car vous n'avez certainement pas le mot du jour. »

Mais il ne voulut rien entendre. Et nous avons dû rester là, sous la menace de son fusil — car il nous tenait toujours en joue — pendant plus d'une demi-heure, jusqu'au moment où on est venu le relever. Alors nous nous sommes expliqués. Pour ce brave garçon, le mot était : « Colombier ».

Cette petite aventure, qui aurait pu tourner au tragique si nous avions manqué de patience, montre la nécessité de donner des mots simples, brefs et ne prêtant pas à équivoque. On a maintes fois proposé de remplacer les mots traditionnels par des noms d'objets d'habillement ou d'équipement, tels que képi, veste, ceinturon, giberne, selle, bride, sabre, lance, etc. A coup sûr, cela vaudrait mieux que d'employer des mots que la plupart des hommes ne comprennent pas ou qu'il leur est parfois difficile de retenir.

Vers 3 heures du matin, nous avons pris un bon café préparé par la fermière, qui avait voulu nous tenir compagnie; puis, à 4 heures, c'est-à-dire bien avant le jour, tout l'escadron était à cheval, à l'extérieur de la ferme observant la direction de Châteaudun, persuadé que l'ennemi, qui, la veille, était venu nous tâter, ne tarderait pas à se montrer.

C'est, en effet, ce qui a eu lieu. Aux premières lueurs de l'aube, alors que depuis un moment, mon excellent commandant voyait déjà les « arbres marcher » — et, dans le brouillard, cette méprise n'avait rien d'extraordinaire — une colonne de cavalerie prussienne débouchait par la route de Châteaudun et débusquait tout d'abord notre poste d'Arville. Afin de ne pas être coupés de nos réserves, nous nous sommes presque aussitô repliés sur le village de Civry, tout en opposant une ligne de tirailleurs à ceux qui précédaient l'avant-garde ennemie. Pendant cette marche de flanc, exécutée à quelques pas et sous le feu d'un adversaire très supérieur en nombre, nos hommes se sont très bien comportés. Ce n'était plus maintenant comme au début de la campagne : ils étaient aguerris, s'avançaient hardiment sur la ligne des éclaireurs ennemis et déchargeaient sur eux leurs revolvers pour ainsi dire à bout portant. Quant aux hussards prussiens avec lesquels nous échangions ces coups de feu, plusieurs d'entre eux, sans doute pour mieux nous ajuster, mettaient pied à terre.

Sur ces entrefaites, l'artillerie ennemie a pris posi-

tion à hauteur d'Arville, et elle nous a envoyé une bordée de projectiles. Enfin, le colonel nous a invités à rallier le régiment, que nous avons trouvé formé en bataille, ainsi que le 3° chasseurs, entre Nobleville et Villentier. Au moment où nous arrivions, les obus tombaient juste à l'endroit où nous devions nous placer,
c'est-à-dire à l'aile gauche de la brigade. Aussi, lorsque
mon capitaine a commandé : « Sur la droite en bataille »,
suivi du : « Tournez droite » du chef de peloton, j'ai
senti que l'aile gauche n'arrivait pas, ce qui m'a mis
fort en colère. Le danger, heureusement, était plus apparent que réel. Les obus produisaient une impression
désagréable. Mais ils entraient profondément dans le
sol, creusaient en éclatant des entonnoirs énormes et
leurs fragments, enveloppés de terre, étaient en somme
peu meurtriers. Cependant, peu après notre arrivée, un
de ces projectiles a brisé la jambe au cheval du maréchal des logis-trompette et imprimé une telle secousse à
la monture du colonel que ce dernier a été renversé et
fortement contusionné. Le maréchal des logis-trompette
— Lambert — vieux soldat médaillé, a dessellé son
cheval et s'est rendu tranquillement à Villentier avec
son harnachement sur le dos, ce qui lui a valu d'être
décoré — un peu plus tard — de la Légion d'honneur
pour le sang-froid dont il avait fait preuve dans cette
circonstance. Quant au colonel, il est entré à l'ambulance et nous ne devions plus le revoir que comme général à la tête d'une brigade de mobilisés.

Peu après, malgré la vigoureuse résistance des francs-
tireurs de Lipowski, de Constantine et autres, les Prussiens emportaient Varize, et nous nous mettions tous en
retraite, les francs-tireurs sur Péronville et Patay, la
cavalerie à travers champs sur La Chapelle-Onzerain et
Tournoisis. Cette retraite s'est effectuée en très bon

ordre ; la cavalerie prussienne nous suivait de près, sans nous attaquer autrement que par son artillerie, qui nous canonnait toujours.

Dès qu'il avait été informé de l'attaque de ses avant-postes, le général Chanzy avait envoyé des troupes pour les soutenir ou les recueillir, et il était venu lui-même sur le terrain pour mieux juger des événements. C'est ainsi que nous avons trouvé dans les environs de La Chapelle-Onzerain un bataillon de chasseurs et la brigade de cavalerie légère du général Guyon-Vernier. Ces troupes avaient pour mission de nous relever pendant que nous irions dans les localités en arrière prendre un repos dont nous avions le plus grand besoin.

Le général Guyon-Vernier est donc venu causer un moment avec notre commandant de brigade qui l'a mis au courant de la situation, en lui recommandant de prendre garde à la cavalerie ennemie, que l'on ne voyait plus à cause de l'obscurité — la nuit commençait à tomber — mais qui n'était certainement pas très loin derrière nous, car, depuis le matin, elle n'avait pas cessé de nous suivre et de nous observer.

Le général Guyon-Vernier venait d'être promu, et il était tout flambant neuf, ce qui nous humiliait un peu, nous qui étions tout dépenaillés. Aussi, tout en le plaignant de la mésaventure qui lui est arrivée quelques heures plus tard, personne n'a pu s'empêcher d'en rire.

Après l'avoir quitté, nous sommes venus prendre nos cantonnements à Saint-Sigismond et dans les fermes environnantes, sur notre champ de bataille de Coulmiers. Deux escadrons de mon régiment, plus l'état-major et celui de la brigade ont été logés à la ferme de La Haie, où j'allais retrouver d'anciennes connaissances.

Avec le général Digard, nous étions là vingt-cinq officiers. Nous avons mangé tous ensemble, peu de chose à la vérité, car la ferme n'avait plus de ressources, et pour boire, à part l'eau, que l'on goûtait médiocrement par ce temps froid, nous avions juste deux bouteilles de vin, gracieusement offertes par le fermier. Mais notre repas de Spartiate a été égayé par une conversation des plus vives et des plus animées. Pour remplacer les vivres, nous faisions des mots. Et cela a duré toute la nuit.

A chaque instant, le général recevait des dépêches dont il nous donnait connaissance. Or, à la tombée de la nuit, pendant que nous rejoignions nos cantonnements, plusieurs coups de canon avaient été tirés sur nos derrières. Et nous nous demandions encore ce qui avait bien pu se produire, lorsqu'une des dépêches arrivées à La Haie nous a fait connaître le mot de l'énigme.

Malgré l'avis qu'on lui avait donné en le quittant — d'avoir à se tenir sur ses gardes, — le général Guyon-Vernier s'était avancé avec sa brigade, sans doute insuffisamment éclairée, par la route de Châteaudun, et il était venu donner dans la cavalerie allemande, qui l'avait d'abord canonné, puis chargé et ramené jusque près de Tournoisis. De cette bagarre, l'état-major du général était sorti, parait-il, assez maltraité, et le général lui-même avec plusieurs coups de sabre qui avaient fortement endommagé son habit neuf.

On a souri et même un peu ri. Les éclats sont partis tout seuls. Ce n'était pas, je le confesse, très charitable, encore moins respectueux. Mais c'était si humain !

Le 30 novembre, de bonne heure, nous sommes montés à cheval, et la division s'est rassemblée entre Saint-Sigismond et Coulmelle, face à l'est.

A partir de ce moment et jusqu'à la fin de la campagne, j'ai été détaché auprès du général Michel, commandant la division, dans les conditions où je me trouvais déjà auprès de lui pendant notre marche de Semuy à Sedan, c'est-à-dire que je ne restais à l'état-major que pendant les opérations et qu'une fois arrivé au bivouac ou au cantonnement je rentrais à mon escadron.

Vers 8 heures, le canon s'est fait entendre du côté de Tournoisis. C'était une de nos batteries qui avait ouvert le feu sur les troupes ennemies, qui, la veille, étaient venues jusqu'aux Hôtels.

Dès que nous avons eu de quoi il s'agissait, le chef d'état-major m'a envoyé rendre compte au général Chanzy, dont le quartier se trouvait alors à Saint-Péravy-la-Colombe.

A cette date, le commandant du 16° corps, dont le nom devait depuis devenir si célèbre, était encore assez peu connu. Je l'ai trouvé dans une vaste pièce, debout, le dos tourné à une cheminée où pétillait un bon feu et causant avec les officiers de son état-major. Parmi ceux-ci, quelques-uns devaient également parcourir une fort belle carrière, entre autres le général de Boisdeffre, alors capitaine. A mon arrivée, la conversation a cessé; j'ai salué, rendu compte, salué de nouveau et suis sorti immédiatement.

Depuis, j'ai eu bien souvent l'occasion de revoir le général. C'était un homme de taille moyenne, de physionomie agréable et douce, très aimable et très bienveillant.

Notre division est ensuite venue à Patay, d'où elle a envoyé des reconnaissances sur Guillonville et Terminiers, afin d'arriver à déterminer la composition d'une troupe ennemie de toutes armes qui se dirigeait de Varize sur Orgères. C'était le détachement du général Treskow, comprenant la 17° division d'infanterie plus la cavalerie du prince Albrecht, qui, la veille, nous avaient débusqués des bords de la Conie et rejetés sur Tournoisis. Ce détachement s'en allait maintenant vers Orgères, où le grand-duc de Mecklembourg concentrait toutes les troupes de son armée, composée du Iᵉʳ corps bavarois, des 17° et 22° divisions d'infanterie et des 2° et 4° divisions de cavalerie.

A l'issue de cette reconnaissance, la division est rentrée dans ses cantonnements du matin, ce qui m'a ramené pour la troisième fois — et je n'avais pas à le regretter — à la ferme de La Haie.

VILLEPION. — LOIGNY

Du 1ᵉʳ au 7 décembre : Combat de Villepion. — Bataille de Loigny. — Ferme de Muzelles. — Retraite sur les bois de Montpipeau, puis sur la forêt de Marchenoir. — Poisly.

Le 1ᵉʳ décembre, la division s'est de nouveau portée sur Patay, et, vers 11 heures, elle se trouvait concentrée dans les champs, à droite, c'est-à-dire à l'est de la route de Chartres, entre la ferme de Perolait et celle de Muzelles. A ce moment, la division comprenait six régiments : la brigade de Tucé (deux régiments de hussards), la brigade Digard (3ᵉ chasseurs et 6ᵉ lanciers), la brigade Abdelal (3ᵉ cuirassiers et 4ᵉ dragons), et deux batteries à cheval sous les ordres du commandant Carmejanne.

Devant nous, l'ennemi occupait Guillonville, Gommiers, Faverolles, Terminiers.

La 1ʳᵉ division du 16ᵉ corps, commandée par l'amiral Jauréguiberry, venue de Lignerolles et de Patay, s'est portée à l'attaque de ces diverses localités, la brigade Deplanque à gauche sur Gommiers et Guillonville, la brigade Bourdillon à droite sur Terminiers, pendant que nous, qui nous trouvions entre ces deux brigades, nous étions fortement canonnés par l'artillerie allemande, installée près de Gommiers. Les deux batteries du commandant Carmejanne ripostaient, d'ailleurs, vigoureusement à celles de l'ennemi.

Au début, la brigade de Tucé avait été détachée du côté de Guillonville pour protéger et couvrir notre flanc gauche. Près de Muzelles, nous restions donc quatre régiments et les deux batteries, lorsque le général Chanzy est arrivé.

Le froid était des plus vifs, mais il faisait un temps superbe, ce qui nous permettait de bien voir tout ce qui se passait dans les environs, et d'autant mieux que, dans cette région, le terrain est plat et très découvert. C'est ainsi que nous apercevions très distinctement un gros parti de cavalerie établi en face de nous, près de Faverolles, à environ trois kilomètres.

Le général Michel ayant fait observer au commandant du 16° corps que les batteries installées près de Gommiers nous gênaient beaucoup : « Eh bien, a répondu le général Chanzy, il faut les charger ! » Puis il est parti, continuant sa tournée sur la ligne de bataille. Il pouvait être alors 3 h. 1/2 ou 4 heures.

Piqué au vif, le général Michel a tout de suite formé la division en colonne d'escadrons dans l'ordre suivant : 6° lanciers, 3° chasseurs, 4° dragons, 3° cuirassiers. Puis, se plaçant en tête avec son état-major, il est parti au trot, piquant droit non pas sur les batteries qui nous canonnaient, mais sur la cavalerie que l'on voyait à l'horizon, c'est-à-dire sur Faverolles. En moins d'une minute, tout le monde était au galop. Les chevaux, agacés d'être restés si longtemps immobiles par le froid et sous le feu, tiraient horriblement. Sans qu'on l'eût commandé, nous avions tous mis le sabre à la main, et, derrière nous, les lanciers ne s'étaient pas fait prier non plus pour dégager les lances de leurs bottes.

Pendant cette marche, l'artillerie ennemie, nous prenant d'écharpe, faisait pleuvoir dans les rangs une grêle d'obus. Mais on ne songeait guère aux projectiles. Au train d'enfer dont nous allions, on ne songeait à rien du tout, on éprouvait un réel plaisir à galoper, et, malgré le froid, on avait très chaud.

La cavalerie ennemie ne nous a pas attendus ; elle n'est pas venue non plus à notre rencontre : au contraire. Elle a fait demi-tour dans la direction de Loigny, et les batteries qui nous canonnaient, croyant, sans doute, que nous allions nous rabattre sur elles, n'ont pas tardé également à décamper.

En approchant de Faverolles, nous nous sommes trouvés en présence de l'infanterie prussienne, dont les tirailleurs, disposés aux abords du village, faisaient le coup de feu avec ceux de la brigade Bourdillon. A ce moment, tout le monde s'est mis à crier : « Halte ! halte ! » Et le général a fait faire « pelotons à droite », afin de dégager le front de notre infanterie, que nous gênions considérablement, et de nous placer sur son flanc droit pour appuyer l'attaque qu'elle dirigeait sur le village.

Déjà la nuit tombait, il ne faisait plus très clair, et nous avancions lentement, suivant des yeux les progrès de la brigade Bourdillon. Alors, le général Michel, se tournant vers nous, nous a dit en riant : « Hein ! Vous avez eu joliment peur ! Vous avez cru — n'est-ce pas ? — que j'allais renouveler la charge de Morsbronn ? »

Certes non, nous ne songions guère, en galopant, à la malheureuse affaire du 6 août. Mais, si, au moment où nous approchions de Faverolles, nous avions continué de filer au même train, au lieu de ralentir et de gagner du terrain vers la droite, tout porte à croire que nous nous serions fait décimer aux abords de cette localité, puisqu'elle était alors occupée en forces par l'infanterie bavaroise.

Enfin, après une fusillade des plus nourries, pendant

laquelle, par suite de l'obscurité, Faverolles apparaissait comme enveloppé dans un cercle de feux, ce village a été emporté par nos fantassins, arrivés au pas de course, tambours battant et clairons sonnant la charge.

> Il y a la goutte à boire là-haut,
> Il y a la goutte à boire!
> Ta ra ta ta, ta ra ta ta, ta ta.....

Jamais je n'ai assisté à spectacle plus émouvant ni plus magnifique! Nous avancions toujours, à hauteur de l'infanterie, et nous sentions bien que l'ennemi abandonnait la position. Mais on ne le distinguait plus que par la ligne de ses feux de mousqueterie, et il faisait trop noir pour se lancer à sa poursuite.

Aussi, dès que Faverolles a été au pouvoir des nôtres, la division s'est repliée, et nous sommes venus nous installer au bivouac au milieu des champs, à côté de la ferme de Muzelles. Le ciel était clair et il faisait un froid terrible.

Notre bivouac a été bientôt pris. La division, privée de la brigade de Tucé, qui était toujours vers Guillonville, s'est formée en carré, un régiment sur chaque face. Les batteries, qui n'avaient pas pris part à notre randonnée, étaient déjà près de la ferme.

Pendant notre marche au galop sur Faverolles — mouvement qui a eu pour résultat très appréciable de faire décamper la cavalerie et les batteries ennemies en position près de Gommiers — nous n'avions pas éprouvé des pertes aussi fortes qu'on aurait pu le redouter. Un dragon a eu la tête emportée par un boulet et le capitaine d'Aulan de Suarez, également du 4° dragons, a été tué par un éclat qui lui a traversé la gorge. On croirait vraiment que le casque attire les obus. Le corps du dragon décapité se trouvait justement au milieu de notre bivouac. Celui du capitaine d'Aulan a été transporté à la ferme de Muzelles, où un corbillard, envoyé, je crois, d'Orléans, est venu le chercher le lendemain dans la journée.

Au bivouac, bien que le sol fût déjà fortement gelé, on a tout de même dressé les petites tentes. Je couchais, en ce cas, avec le capitaine de Hénaut et nos deux ordonnances; c'est-à-dire que nous avions chacun un morceau de toile, le quart de la tente de campement et que, lorsque nous le pouvions, nous réunissions ces morceaux, après quoi on tâchait de se procurer un peu de paille, et l'on se blottissait, tant bien que mal, tous les quatre, sous cet abri improvisé. Seulement, la paille était un luxe qu'il n'était pas toujours possible de s'offrir. Alors, on dormait sur la peau de mouton achetée à Blois, ce qui est arrivé souvent. Mais, ce soir-là, nous bivouaquions trop près des meules de paille de la ferme pour n'être pas tentés de les utiliser. Nous avons donc envoyé nos ordonnances y cueillir quelques bottes, grâce auxquelles notre couche n'a été ni trop dure ni trop froide.

Vers le milieu de la nuit, le canon s'est fait entendre. Croyant à une attaque, nous nous sommes levés brusquement. Mais ce n'était qu'une fausse alerte.

Le 2, au petit jour, nous étions sur pied et bientôt après à cheval. Le temps était superbe et le froid de plus en plus vif. Avant de nous mettre en marche, on a porté à notre connaissance que la garnison de Paris avait dû faire une sortie et que le général Ducrot devait venir à notre rencontre. Tout à coup, les troupes d'infanterie, qui avaient aussi bivouaqué près de Muzelles, se sont mises en mouvement en chantant la *Marseillaise*. Jamais ce chant n'avait produit sur nous une impression plus vive; jamais il ne nous avait aussi profondément émotionné. Il est vrai que nous ne l'avions jamais encore entendu dans des circonstances plus propres à nous émouvoir et à nous enthousiasmer. Jusqu'alors, en effet, à force de l'entendre rabâcher dans les rues par des foules avinées, il avait fini par nous devenir odieux et par nous inspirer plutôt une aversion profonde. Mais, aujourd'hui, quelle différence ! La veille, nous avions rossé l'ennemi. Nous avions passé la nuit sur le théâtre de nos exploits. La victoire flottait dans l'air. Aussi tous les cœurs débordaient-ils de joie en même temps que d'espérance.

De Muzelles, nous avons marché droit sur Orgères en passant par Gommiers, où nous avons trouvé une cinquantaine de Bavarois, dont deux officiers, faits prisonniers la veille. Tous ces hommes nous regardaient curieusement. Plus loin, près de Noneville, se tenait la brigade Deplanque, qui, la veille également, avait enlevé tous ces villages et le château de Villepion.

Au delà, en avant d'Orgères, l'ennemi paraissait attendre. Des postes de cavalerie se tenaient derrière les hameaux de Villevé, Villerand, détachant à 1.500 ou 1.800 pas devant nous une ligne de vedettes. Ces vedettes, en manteau gris et immobiles au milieu des champs, avaient l'air de grands hérons.

Nous avons obliqué à droite et sommes venus nous former sur deux lignes au nord du parc de Villepion, face au hameau de Villerand.

Pendant que nous étions là, au repos, une des patrouilles de notre brigade légère a amené au général Michel trois ou quatre officiers prussiens qui se disaient médecins et qui l'étaient probablement, car ils portaient le brassard de Genève. Ces messieurs demandaient à rentrer dans leurs lignes, afin de pouvoir soigner leurs blessés. Mais, comme il était manifeste que les hostilités allaient reprendre, le général a cru prudent de conserver ces docteurs, qui n'auraient pas manqué de renseigner l'adversaire sur nos dispositions, et il a prescrit à la patrouille de les ramener en arrière. Les médecins ont protesté, au reste fort courtoisement, mais ils se sont inclinés devant les ordres, comprenant bien au fond qu'ils ne pouvaient pas rentrer chez eux à l'heure présente.

Peu après, en effet, l'artillerie et l'infanterie étant arrivées, le combat s'est engagé sur notre front, et notre division a reçu l'ordre de se porter, en passant par derrière, à l'extrême gauche de notre ligne de bataille avec mission de la couvrir.

En conséquence, nous sommes allés en passant par Noneville, nous former un peu au nord-est de la ferme de Chauvreux, observant Orgères et la route de Châteaudun.

Entre Noneville et Chauvreux, environ à demi-distance, le terrain, sur un parcours de plusieurs centaines de mètres, était couvert de cadavres de fantassins bavarois. A côté de l'endroit où nous nous sommes arrêtés et où le général a fait mettre un moment pied à terre, ces cadavres étaient littéralement couchés les uns à côté des autres, quelquefois même les uns sur les autres, à tel point qu'on avait dû obliquer pour ne pas marcher dessus.

Bien que, après plusieurs mois de campagne pendant lesquels on avait beaucoup souffert, la sensibilité se trouvât nécessairement un peu émoussée, on n'en fut pas moins très fortement impressionné par le spectacle de l'hécatombe humaine que l'on avait sous les yeux, et je puis assurer que, parmi ces cœurs que l'on pouvait croire très endurcis, plus d'un fut pris d'un sentiment de profonde commisération à l'aspect de ces pauvres victimes de la guerre.

Ces hommes avaient, presque tous, été frappés par des balles au moment où, visiblement, ils se trouvaient formés sur deux rangs. L'emplacement des compagnies était encore marqué d'une façon très nette. Les corps de ces malheureux paraissaient absolument intacts, mais presque tous avaient la tête congestionnée. Les blessures produites par les obus, assez rares du reste, étaient horribles. Parmi leurs victimes, il y en avait dont la tête ne présentait plus que des débris informes, d'autres dont les entrailles étaient complètement à nu. L'un d'eux, couché sur le dos, tenait toujours son fusil, le bras tendu et raide comme une barre de fer. Beaucoup, tombés la face contre terre, avaient, malgré le gel, les doigts crispés enfoncés dans le sol. Parmi ces cadavres, on comptait aussi quelques officiers, tombés à leur place normale.

En vérité, la veille, la brigade Deplanque, de la division Jauréguiberry, avait fait là de la belle besogne !

Sur la demande des chefs de corps, le général Michel a autorisé nos cavaliers à prendre sur ces cadavres tous les objets qui pouvaient leur être utiles. Pendant que ce dépouillement s'effectuait, avec beaucoup d'égards et de respect pour les morts, l'un de ces malheureux, qu'un lancier venait de retourner pour ouvrir son havresac, a poussé un gémissement. Le docteur, l'ayant examiné, a constaté que cet homme avait une blessure mortelle et qu'il ne tarderait pas à rendre le dernier soupir. On ne pouvait pourtant pas l'achever. Mais n'était-ce pas affreux de penser que ce pauvre diable était couché là, agonisant, depuis près de vingt-quatre heures, par un froid terrible ? Ah ! la guerre est, par moment, une bien horrible chose !

De notre côté, les pertes avaient été beaucoup moins sérieuses que chez les Bavarois. Déjà, il est vrai, on avait pu enlever les morts, puisque nous étions restés maîtres du terrain. Dans tous les cas, ayant eu l'occasion de traverser un moment après la zone occupée la veille par la brigade Deplanque — en allant porter un ordre au général de Tucé — je n'ai trouvé qu'un seul cadavre étendu dans les sillons. C'était celui d'un pauvre petit fantassin dont les traits ne présentaient pas la moindre altération. Couché sur le dos, son sac lui servant en quelque sorte d'oreiller, on aurait pu croire qu'il dormait, qu'il était tombé là, accablé de fatigue. C'est à tel point que je me suis arrêté pour lui dire de se lever et de partir. Mais le pauvre petit était bien mort : il dormait du sommeil éternel !

Au moment où je rentrais à la division, tous les regards étaient fixés sur Orgères. En avant de cette localité, on voyait des troupes à pied s'avancer dans notre direction. En même temps, une importante masse de cavalerie, débouchant de La Maladerie, semblait aussi vouloir nous prendre pour objectif. Le général a fait monter à cheval, et nous sommes d'abord restés en place. Puis, on a gagné du terrain vers la gauche, et la division s'est formée en bataille sur deux lignes : première ligne, brigade Digard (6° lanciers, 3° chasseurs); deuxième ligne, brigade Abdelal (4° dragons, 3° cuirassiers). Les deux batteries à l'aile droite, à hauteur de la première ligne.

Pendant que nous prenions ce dispositif, l'infanterie ennemie évoluait toujours en avant d'Orgères, tandis que sa cavalerie, la 4° division, prince Albrecht, arrivait vers nous au trot. Aussitôt, nos batteries ont ouvert le feu sur elle, et le commandant Carmejanne a dit au général Michel : « Dès qu'ils seront à bonne portée, je les recevrai à mitraille. »

Dans les escadrons, on a fait porter les lances et mettre

le sabre à la main et nous nous sommes mis en marche, afin de ne pas recevoir le choc de pied ferme, ce qui eût été contraire à tous les principes.

Mais nous venions à peine de nous ébranler, persuadés, d'ailleurs, que l'engagement allait se produire, qu'il était inévitable, lorsque les Allemands ont fait demi-tour, à notre grand étonnement; car, à coup sûr, ce n'était pas le feu de nos batteries qui avait pu les déterminer à la retraite ni. sans doute, l'appréhension de se mesurer avec nous, d'autant plus que nous étions à forces numériques sensiblement égales, quatre régiments de chaque côté. Non; ce qui avait obligé la cavalerie allemande à se retirer, c'étaient les feux de salve que lui avaient envoyés des fractions de l'infanterie de l'amiral Jauréguiberry qui combattaient à notre droite.

Ainsi, la cavalerie allemande ne s'était pas repliée sans motifs; mais nous ne pouvions pas la poursuivre sans nous exposer à tomber nous-mêmes sous le feu de l'infanterie, dont nous distinguions très bien les casques à pointe déjà à proximité. Aussi, nous sommes restés à la même place, continuant à observer. Mais, au moment où nous regardions nos adversaires détaler, une de leurs batteries est venue s'installer sur notre flanc gauche et nous a couverts de projectiles.

Il pouvait être alors 3 heures. A notre droite, du côté de Loigny, la canonnade était assourdissante. Derrière nous, vers Guillonville, l'infanterie du 17ᵉ corps commençait à se montrer. Le chef d'état-major de notre division, le commandant Séguier, m'a dépêché au-devant d'elle pour l'inviter à presser son mouvement, car, sur notre front, les affaires prenaient une fâcheuse tournure. Mais l'infanterie ne se déplace pas aussi vite que les autres armes. La division du général de Flandre n'est donc entrée en ligne qu'assez tard. Seulement, à ma requête, son artillerie a pris les devants, ses pièces de 12 sont venues se joindre à nos batteries légères et ont ouvert le feu sur divers points en demi-cercle de Guillonville à Orgères. Cette canonnade a arrêté les progrès de l'ennemi sur cette partie du champ de bataille; même, à un moment donné, elle nous a permis de nous reporter en avant du côté de la ferme de Chauvreux. Mais bientôt la nuit tombait, le combat prenait fin et nous venions nous-mêmes reprendre notre bivouac de la veille près de la ferme de Muzelles.

Cette fois, par exemple, nous n'avons pas dressé les tentes, car nous pouvions être appelés — on le sentait — à décamper brusquement. Et, comme il faisait un froid terrible, que nous étions en plein vent et qu'il y avait à côté de nous une énorme meule de paille, chacun est allé y chercher quelques bottes pour son usage personnel.

A la demande du fermier, qui redoutait ce gaspillage, le général avait fait garder la meule par un détachement du 4ᵉ dragons. Mais cette précaution n'a pas empêché la meule d'être démolie et les bottes d'être dispersées sur tous les points du bivouac. D'ailleurs, on ne les a pas abîmées, du moins dans mon escadron, et il est probable qu'il en a été de même partout.

Le 3 décembre, l'armée du duc de Mecklembourg ayant été renforcée par une partie des troupes que le prince Frédéric-Charles amenait de Metz, nous avons dû battre en retraite. A l'extrême gauche du 16ᵉ corps, où nous nous trouvions, le mouvement rétrograde a eu lieu méthodiquement, l'ennemi se bornant, du reste, à nous suivre, sans attaquer. Le gros de ses forces marchait droit sur Orléans, poussant vivement le 15ᵉ corps et nos divisions de droite. De ce côté, on s'est canonné toute la journée.

Le soir, la division s'est arrêtée dans les localités

avoisinant Saint-Péravy-la-Colombe. L'état-major est venu s'installer à Coulimelle, dans le cantonnement où il se trouvait quatre jours auparavant. Le 6° lanciers devant aller coucher à Nids, où il avait déjà cantonné pendant les jours qui ont suivi Coulmiers, je me suis rendu directement dans cette localité, où j'ai repris possession de mon ancien logement — ce logement que je ne croyais plus jamais revoir, où j'avais reçu naguère un accueil si cordial et où l'on m'a de nouveau fait fête.

Le général Digard, souffrant depuis la veille, s'était rendu à Nids déjà dès le matin. Ignorant des événements de la journée, inquiet d'entendre le canon se rapprocher de plus en plus de Saint-Péravy, il venait de monter à cheval et se disposait à rejoindre la division lorsque je suis moi-même arrivé à Nids, apportant la nouvelle que le 6° lanciers, désigné pour y cantonner, n'allait pas tarder sans doute à rejoindre. Mais la nuit était déjà venue depuis un moment, et du 6° lanciers nous n'apercevions toujours pas l'ombre. En fait, ce régiment, qu'on avait laissé à l'arrière-garde de la division Barry, au lieu de venir à Nids était allé à Saint-Sigismond, de sorte que le général Digard et moi nous avons passé la nuit tout seuls dans le cantonnement affecté primitivement à l'un des corps de sa brigade. Et heureusement que personne n'a songé à nous enlever, car la chose eût été facile.

Mais le lendemain, dès avant le jour, nous étions déjà sur pied, et nous nous dirigions sur le quartier général de la division à Coulimelle. Le temps, demeuré clair pendant quelques jours, s'était de nouveau brouillé; il faisait un froid gris, et même il tombait un peu de neige.

La division s'est rassemblée entre les hameaux de

Coulimelle et de Renneville, parallèlement à la route de Châteaudun à Orléans, face à Patay.

La brigade de Tucé, toujours détachée, se trouvait encore vers ce gros village, où, aux environs de 8 heures, le canon s'est fait entendre. Les Prussiens attaquaient. Le général de Tucé a réussi pourtant à les maintenir et même à les repousser, grâce à l'appui que lui prêtaient des bataillons de mobiles ou d'infanterie de marche mis à sa disposition par l'amiral Jauréguiberry. Ce dernier avait le gros de sa division vers Coinces.

Un peu plus à l'est, les Allemands poussaient toujours droit sur Orléans et obligeaient les divisions Barry et Maurandy, de notre corps d'armée, à rétrograder jusqu'à la route de Châteaudun.

C'est alors que le colonel anglais Felding, attaché à l'état-major du général Chanzy, mais qui marchait souvent avec nous, est venu nous avertir que nous étions coupés d'Orléans et séparés du 15° corps, c'est-à-dire de toute la droite de l'armée de la Loire et du général en chef d'Aurelle de Paladines. Du moins, on avait tout lieu de le supposer, les Allemands ayant pénétré jusqu'à la route d'Orléans à Châteaudun et le canon tonnant très ferme du côté d'Orléans.

En même temps, cet officier supérieur nous invitait, au nom du général Chanzy, à nous porter sur Coinces, pour, de ce point, diriger des reconnaissances sur le flanc et les derrières de l'ennemi, afin de renseigner l'amiral, qui avait besoin d'être éclairé.

Nous avons donc fait un à-droite et nous sommes partis sur Coinces, au trot, en passant entre Saint-Péravy et Patay. Arrivée aux environs de Coinces, la division a envoyé des reconnaissances vers l'est, qui n'ont pas tardé de prendre contact avec l'ennemi en marche sur Boulay. On voyait là des troupes de toutes armes et en forces. Il ne fallait donc plus songer à gagner Orléans par la grande route. Au reste, on n'en avait peut-être pas l'intention. Toujours est-il qu'après de nombreuses marches et contre-marches, on nous a dirigés vers les bois de Bucy-Saint-Liphard et de Montpipeau, par Gémigny et Rosières. Parvenus à la route de Coulmiers, nous avons fait halte près de la ferme de Descures. La nuit était venue. Il faisait un clair de lune superbe, mais un froid épouvantable qui avait gelé la neige tombée dans la journée et rendu la marche difficile et très pénible. De là, on a encore envoyé des reconnaisances vers Orléans, mais elles n'ont pu dépasser Les Ormes.

C'est dans ce bivouac, au milieu des bois, sans vivres d'aucune sorte, que le 6° lanciers a reçu une voiture chargée de 500 à 600 peaux de mouton, qui lui étaient envoyées par le dépôt en garnison à Saumur, ou du moins par les soins du dépôt, car il paraît que les peaux étaient un don gracieux des habitants de la ville. Cet envoi, accompagné par le sous-officier vaguemestre, était arrivé à Orléans depuis deux ou trois jours, et c'est à grand'peine que, après avoir chargé les ballots sur une charrette de louage, ce sous-officier avait fini par nous rejoindre. N'oublions pas son nom : il s'appelait Rohr.

Rohr était marié ; c'était un des anciens musiciens de notre vieille et excellente musique, supprimée en 1868. Depuis, Rohr avait été nommé successivement brigadier, maréchal des logis et adjudant. Toujours tenu d'une façon admirable, d'une conduite exemplaire, modeste, très digne, très correct, très zélé, très dévoué, Rohr était un sous-officier modèle, que tout le monde au régiment aimait beaucoup. On pouvait sans crainte aucune le charger d'une mission de confiance. Il s'en acquittait toujours à la satisfaction de ses chefs. C'était un auxiliaire utile et un homme précieux à tous égards.

Dans les circonstances présentes, son chargement est arrivé on ne peut plus à point et il a été le bienvenu. Pendant la nuit, ces peaux de moutons ont été distribuées aux hommes, et la voiture vide a pris place dans le convoi. Quant au sous-officier vaguemestre, il a été conservé jusqu'à nouvel ordre à l'état-major du régiment, et quelques jours plus tard nommé sous-lieutenant.

Le 5 décembre, les 16e et 17e corps, opérant désormais sous le commandement supérieur du général Chanzy, se sont mis en retraite par la rive droite de la Loire et sont venus, après avoir marché toute la journée, s'établir entre la forêt de Marchenoir et Beaugency, parallèlement à la route qui va de cette dernière ville à Châteaudun.

Pendant cette marche, notre division s'est retirée, par Coulmiers, le Grand-Lus et Villermain. Le soir, à la tombée de la nuit, elle prenait ses bivouacs autour du hameau de Poisly, à la corne sud de la forêt de Marchenoir.

Pendant que l'on procédait à cette installation, je me suis mis à la recherche d'un endroit où nous pourrions faire notre popote et où, sans trop s'éloigner de l'escadron, les officiers pourraient, le cas échéant, trouver un abri et prendre un peu de repos.

A cet effet, il fallait se hâter, car le hameau est tout petit, il y avait beaucoup de troupes à proximité, même jusque dans les rues, et chacun s'emparait de la première maison qui lui tombait sous la main et d'où l'on ne pouvait plus ensuite le débusquer.

Ayant donc fini par découvrir une maisonnette où il n'y avait encore personne, et le propriétaire ayant bien voulu nous céder une de ses pièces, nos cuisiniers, qui me suivaient, en ont pris aussitôt possession. Quelques heures plus tard nous mangions tous ensemble, les officiers et les personnes de la maison, sans nous douter, pas plus les uns que les autres, qu'il en serait encore ainsi pendant plusieurs jours.

Le 6, nous n'avons pas bougé de toute la matinée, et l'on a profité de ce répit pour mettre un peu d'ordre dans le bivouac. Cependant, dans la soirée et assez tard, nous sommes allés en reconnaissance au delà de Villermain, où de la cavalerie ennemie avait été signalée. Mais elle avait décampé avant notre arrivée, et nous sommes rentrés bredouilles. Au bivouac, au moment de notre retour, on a procédé à des rectifications d'alignement, avançant une aile par-ci, reculant une autre aile par-là — on n'a jamais su pourquoi, car, à ce moment, nous étions seuls et la boue ne nous gênait pas, le sol se trouvant gelé déjà très profondément.

Pendant la nuit, la division Collin, du 21° corps, est arrivée à Poisly et s'est installée, comme nous, au bivouac, dans les champs. Cette division, composée en grande partie de mobiles et de mobilisés, ne comprenait pas moins d'une douzaine de mille hommes.

Le lendemain 7, de très bonne heure, nous sommes montés à cheval pour gagner du terrain en arrière et venir mettre pied à terre à la lisière de la forêt de Marchenoir. Dans mon escadron, on a profité de la circonstance, c'est-à-dire du voisinage du bois, pour faire cuire à la mode arabe un mouton qui m'avait été donné, la veille au soir, par un de mes camarades du 3° escadron, Lucien de Moismont, en reconnaissance du petit service que j'avais rendu à ce brave ami, en lui offrant ma deuxième paire de bottes à l'écuyère.

Mais, pendant que nous formions le cercle autour de

l'ardent brasier au-dessus duquel notre mouton tournait lentement et prenait un aspect doré des plus appétissants, voilà que, tout à coup, le canon se fait entendre, d'abord assez loin vers notre droite du côté de Cravant, puis plus près sur notre front du côté de Villermain. Il n'en fallait pas davantage, naturellement pour qu'on prescrivît de se tenir prêt à monter à cheval — avertissement qui précède ordinairement de bien peu l'exécution. Aussi s'est-on hâté de découper le mouton par quartiers et de le placer dans les bissacs. Heureusement, il était déjà assez cuit; — d'ailleurs, en ce temps-là, on n'y regardait pas de si près, — et, somme toute, on l'a trouvé excellent et nous n'en avons pas laissé perdre une miette.

Après être décidément montée à cheval, la division s'est rendue à Poisly. Puis, l'état-major ayant conféré avec le général Collin et procédé à l'examen de la situation, il a été facile de se rendre compte que l'attaque dirigée contre notre front n'était qu'une démonstration sans importance. Sur notre droite, vers Beaugency, où le canon grondait toujours, l'affaire devait être plus sérieuse. Cependant, l'ennemi n'ayant pas trop insisté devant nous, qui étions au centre, on pouvait en conclure qu'il se bornerait pour aujourd'hui à tâter nos positions. Mais tout le monde demeurait convaincu que, dès le lendemain, nos adversaires se présenteraient en forces et que nous aurions à soutenir une lutte des plus vives.

Un peu avant la nuit, après avoir drogué toute la journée, notre division a repris son ancien bivouac, à quatre ou cinq cents mètres à l'ouest de Poisly.

DEUXIÈME ARMÉE DE LA LOIRE. 16ᵉ CORPS

Du 7 au 11 décembre : Séjour à Poisly. — Combats autour de ce village et dans les environs de Josnes. — Retraite sur Vendôme.

A la suite de la reprise d'Orléans par les Allemands, le 4 décembre, et du partage de nos troupes en deux fractions séparées par la Loire, le gouvernement de la Défense nationale avait décidé, à la date du 5 décembre, que nos forces opérant dans ce bassin seraient désormais réparties en deux armées distinctes : la 1ʳᵉ, composée des 15ᵉ, 18ᵉ et 20ᵉ corps, sous les ordres du général Bourbaki ; la 2ᵉ, composée des 16ᵉ, 17ᵉ et 21ᵉ corps, sous le commandement du général Chanzy, remplacé lui-même au 16ᵉ corps par l'amiral Jauréguiberry.

A cette date, les corps de la 2ᵉ armée de la Loire avaient la composition suivante :

Le 16ᵉ corps, amiral Jauréguiberry, comprenait trois divisions d'infanterie : 1ʳᵉ, Deplanque ; 2ᵉ, Barry ; 3ᵉ, Maurandy, avec la division de cavalerie Michel.

Le 17ᵉ corps, général de Colomb, comprenait trois divisions d'infanterie : 1ʳᵉ, de Roquebrune ; 2ᵉ, Dubois de Jancigny ; 3ᵉ, de Flandre, avec la division de cavalerie Guépratte.

Enfin, le 21ᵉ corps, amiral Jaurès, était formé de quatre divisions d'infanterie : 1ʳᵉ, Rousseau, 2ᵉ, Collin ; 3ᵉ, de Villeneuve, 4ᵉ Goujard, avec la division de cavalerie Guillon.

A la 2ᵉ armée était encore rattachée la colonne mobile dite de Tours, sous les ordres du général Camô.

A cette même date du 5 décembre, c'est-à-dire au moment où la 2° armée de la Loire a été constituée, ces diverses troupes se trouvaient sur les points ci-après :

16° CORPS :

1re division, à Lorges;
2° division, à Beaugency;
3° division, à Garambeau;
Cavalerie, à Poisly.

17° CORPS :

1re division, à Villorceau;
2° division, à Ourcelles;
3° division, à Prénay;
Cavalerie, à Clos-Moussu.

21° CORPS :

1re division, à Morée;
2° division, à Marchenoir;
3° division, à Saint-Laurent-des-Bois;
4° division, à Vendôme;
Cavalerie, à Marchenoir.

COLONNE CAMO.

Infanterie, à Meung, au Mée, à Messas, à Beaumont;
Cavalerie, aux Monts et à Beaumont.

Mais les 16° et 17° corps, ayant beaucoup souffert depuis le 1er décembre, leurs unités se trouvaient un peu disloquées, en particulier les 2° et 3° divisions du 16° corps, très éprouvées à Loigny.

De même, à la première attaque des Allemands du côté de Meung, la colonne mobile de Tours ne montrait pas beaucoup de fermeté, et, sans ordres, elle se retirait au delà de Beaugency.

Au jour où nous en sommes, c'est-à-dire au 7 décembre, la 1re division du 16° corps s'est portée du côté de Villorceau, et la division Collin, du 21° corps, ainsi que nous l'avons dit, est venue à Poisly.

Le quartier général de l'armée est à Josnes.

L'amiral Jauréguiberry, commandant du 16ᵉ corps, dirige toutes les opérations entre la forêt de Marchenoir et la Loire, particulièrement depuis Josnes jusqu'à Beaugency. C'est le principal lieutenant du commandant en chef, son bras droit, et partout où il est on tient ferme, quand on n'est pas victorieux.

A gauche, l'amiral Jaurès, commandant du 21ᵉ corps, est aussi un auxiliaire très utile.

En résumé, la 2ᵉ armée de la Loire s'incarne dans ces trois noms : le général Chanzy, l'amiral Jauréguiberry, l'amiral Jaurès. L'amiral Jauréguiberry rappelle, dans nos armées de la Défense nationale, les grandes figures de l'amiral Korniloff et du général Kroulef, ces deux héros dans la défense de Sébastopol. Sans méconnaître la valeur de personne, il est bien permis de dire que, si la France avait eu à la tête de ses armées plusieurs hommes du caractère et de la trempe de ce vaillant marin, les Allemands auraient peut-être fini par en avoir tout de même raison, mais on leur aurait donné, à coup sûr, joliment du fil à retordre.

Le 8 décembre, avant le jour, nous étions déjà à cheval. Il faisait un temps sombre très froid. Tout le monde s'attendait à une affaire sérieuse, et on la sentait imminente.

La veille, la division Collin avait creusé des tranchées-abris à droite et à gauche du hameau, face à l'est. A gauche, face à Villermain, et tout près des maisons le Poisly, on avait construit un épaulement pour une batterie de 12. A droite, vers Cognère et face à Jouy, on avait encore élevé un épaulement pour abriter un même nombre de pièces lourdes.

Pendant que notre division se tenait massée entre cette dernière batterie et le hameau, nous nous sommes rendus, le général Michel et son état-major, à la batterie de gauche, où se trouvait déjà le général Collin. Celui-ci, ancien commandant de recrutement, disait-on, n'était général qu'au titre auxiliaire. Il n'en possédait pas moins beaucoup de sang-froid, un très grand bon sens pratique, et il a toujours mené sa division de la façon la plus honorable.

C'était donc un peu le général Michel, divisionnaire de l'armée active, qui exerçait le commandement supérieur sur toute cette partie du théâtre des opérations. Je dis un peu afin de rendre hommage à la vérité, car, soit par égard pour le commandant de la 2e division d'infanterie du 21e corps, soit pour tout autre motif, le général Michel ne prenait jamais de décision et ne donnait aucun ordre important sans avoir, au préalable, consulté le général Collin. Cette entente devait avoir, d'ailleurs, les plus heureuses conséquences.

Nous étions donc près de la batterie de gauche lorsque, vers 8 heures du matin, le brouillard commençant un peu à se dissiper, nous avons aperçu dans le lointain, au delà de Villermain, une colonne ennemie qui paraissait se diriger de notre côté, mais dont la composition était difficile à déterminer, justement parce qu'elle nous arrivait de face. Que ce fût une colonne ennemie, personne n'a songé à élever de doute sur ce point, tant la chose paraissait évidente. Mais on se demandait si c'était de la cavalerie, de l'infanterie ou de l'artillerie, ou bien encore s'il n'y avait pas un peu de tout cela mêlé. Et personne ne pouvait le dire avec certitude. On discutait aussi sur la question de la distance. « Il faudra tirer, disait le général, quand ils seront à bonne portée, et lorsque le tir pourra être efficace. » Évidemment. Seulement, sur ce point, comme sur d'autres, les avis différaient.

Enfin, pour couper court aux appréciations problématiques, le commandant des batteries a fait pointer une pièce de 12 et tirer à trois kilomètres. Or, le projectile, que nous suivions pour ainsi dire de l'œil dans son trajet, est tombé très près de la colonne ennemie, qui a fait aussitôt un changement de direction à gauche, marchant droit sur Villermain. Alors on a pu constater qu'el. comprenait de l'artillerie et de l'infanterie. En même temps, les avant-postes sont venus rendre compte de l'arrivée de cette colonne. Mais le brouillard est redevenu tout à coup si intense que nous avons tout à fait perdu de vue la direction et les mouvements de notre adversaire; pendant bien peu de temps, toutefois, car son artillerie prenait bientôt position près du moulin de Villermain et entamait avec la nôtre un duel des plus violents.

Pendant cette lutte au canon, l'infanterie des deux partis se portait en avant, à droite et à gauche des batteries et bientôt après, sur tout le front, éclatait la fusillade.

Au loin, vers la droite, dans la direction de Cravant, la canonnade et la fusillade augmentant toujours d'intensité, il devenait évident que l'ennemi nous attaquait sur toute la ligne, depuis Poisly jusqu'à Beaugency, et qu'il faisait agir des forces considérables.

Son artillerie, plus nombreuse que la nôtre, comme toujours, nous envoyait, à travers le brouillard, des obus dans toutes les directions.

La plupart de ces projectiles, il est vrai, n'éclataient pas, mais ils s'en allaient en ricochant sur le sol gelé, jusqu'au milieu de nos réserves, ce qui impressionnait vivement ces troupes, presque toutes improvisées.

Après avoir stationné un moment près de Poisly, la division de cavalerie avait été envoyée en arrière vers

Briou. Un peu plus tard, l'ennemi prononçant un vigou-
reux mouvement offensif sur la droite de la division
Collin, celle-ci rétrogradait à son tour dans la direction
de Lorges. Cependant, des renforts nous étant parvenus,
notre infanterie s'est reportée en avant, a chassé les Allemands des positions qu'ils venaient de nous enlever et
les a poussés assez loin vers Jouy et Montigny, leur en-
levant un certain nombre de prisonniers, particulièrement dans les fermes de Villeneuve et de La Marti-
nière.

Ayant été porter un ordre au général Collin au moment où ces événements se déroulaient, j'ai trouvé, près
d'une de ces fermes, un sergent qui, aidé de quelques
hommes, ramenait en arrière une quinzaine des prisonniers qu'il venait de faire, parmi lesquels un officier
subalterne. Celui-ci se démenait comme un beau diable ;
il ne voulait pas marcher, opposant la force d'inertie à
deux hommes qui avaient dû le prendre par les bras et
qui étaient obligés en quelque sorte de le traîner. Le
sergent, tout noir de poudre et encore très excité par le
feu de l'action qui avait fait tomber ces hommes entre
ses mains, s'étant plaint à moi de l'attitude déplorable
de leur chef, je lui ai dit à haute voix : « Eh bien, s'il
ne veut pas marcher, fusillez-le ! », ajoutant, à voix
basse et de façon à n'être entendu que du sous-officier :
« J'espère qu'il va maintenant vous suivre. En tout cas,
à moins qu'il ne cherche à se sauver, gardez-vous bien
de lui faire aucun mal ; il ne faut jamais maltraiter les
prisonniers. »

Pendant que j'accomplissais la même mission, j'ai
encore rencontré un de nos officiers d'artillerie blessé
au pied. Il souffrait horriblement, pouvait à peine se
traîner, et redoutait de tomber entre les mains de l'adversaire, qui rétrogradait pourtant en ce moment, mais

qui pouvait évidemment reprendre bientôt l'offensive et reconquérir le terrain perdu. Cet officier me suppliait de le prendre en croupe : « Mon cher camarade, disait-il, emportez-moi. Voyez dans quelle situation je me trouve ! Je vous en prie !... Je vous en prie !... » Comment faire ? Partagé entre le désir de soustraire ce malheureux aux griffes de l'ennemi et l'obligation où je me trouvais de filer au galop pour transmettre des ordres, j'étais vraiment dans une situation des plus pénibles. Je m'étais arrêté, cherchant des yeux un médecin, une ambulance. Hélas ! il n'y avait rien autour de nous, sinon, à 400 ou 500 pas en avant, des troupes d'infanterie en pleine lutte. Enfin, heureusement que, sur ces entrefaites, des caissons de munitions chargés de ravitailler sont arrivés au galop et qu'ils se sont chargés d'emporter le blessé sur les derrières !

Sur notre gauche, la 3ᵉ division du 21ᵉ corps entrait à son tour en ligne et forçait également l'ennemi à se replier. En même temps, notre division de cavalerie, placée provisoirement sous les ordres du général Digard, était rappelée des environs de Lorges ; elle arrivait au trot et venait se former en bataille près de Villermain, d'où elle devait opérer une démonstration dans la direction du château de Coudray.

Lorsque je suis venu apporter au général Digard l'ordre de prononcer ce mouvement, l'ennemi était en vue, immobile et ne tirant plus, mais tout prêt évidemment à répondre à l'attaque. Chez nous, on le sentait si bien qu'il y a eu un instant d'hésitation très sensible. On m'a demandé des explications complémentaires, et j'ai dû répéter l'ordre qu'on m'avait chargé d'apporter et qui était pourtant fort clair. Enfin, la division s'est embarquée, le 3ᵉ cuirassiers en tête. Mais nos escadrons, reçus à coups de canon, ont dû se replier et sont venus se reformer en arrière de notre infanterie. Les cuirassiers avaient éprouvé des pertes assez sérieuses. Aussi, le colonel Tréboute n'était pas content, et, le soir, en arrivant au bivouac, il m'a dit, d'un ton de doux reproche : « Quand vous viendrez encore nous apporter l'ordre de charger, j'espère que nous serons plus heureux. »

Du côté de Cravant, où se tenait l'amiral Jauréguiberry, on s'est battu jusqu'à la nuit. Mais devant nous le feu avait cessé vers 4 heures après-midi, et, depuis ce moment, nous nous bornions à observer.

La journée avait été rude. Nos pertes étaient sérieuses. Le général Collin estimait celles de sa 2e brigade (colonel des Moutis) à 900 hommes environ, tant tués que blessés. Seulement, nous avions soutenu et repoussé les attaques d'un ennemi supérieur en nombre, et nous conservions nos positions, ce qui, dans les circonstances présentes, pouvait être considéré comme un résultat des plus honorables.

Dans la soirée, notre division a repris son ancien bivouac près de Poisly. En arrivant à la maisonnette où nous préparions et prenions nos repas, nous n'avons plus trouvé personne. Dès le matin, aux premiers coups de canon, tous les habitants, ou presque tous, s'étaient enfuis vers la forêt de Marchenoir, abandonnant tout aux hasards de la fortune. D'ailleurs, avant de monter à cheval, nous avions dit adieu à nos hôtes en leur donnant une poignée de main et leur souhaitant bonne chance. Enfin, après être restés dans le bois toute la journée, ils ont tout de même fini par arriver les uns derrière les autres, et, à partir de ce moment, c'est nous qui avons dû les nourrir.

Nous n'étions pourtant pas très riches en vivres, loin de là. Dans le village, presque toutes les ressources qu'il contenait avaient été épuisées dès le premier jour. Quant

aux convois, la crainte de voir l'ennemi s'en emparer
les faisait toujours maintenir très éloignés des troupes,
surtout des endroits où l'on se battait. Ainsi, pendant
notre séjour à Poisly, nos convois se tenaient vers Ro-
ches ou Bourichard, à 15 ou 20 kilomètres en arrière.
De sorte que, en arrivant au bivouac après les affaires
terminées, j'entends après les derniers coups de canon
tirés — ce qui avait rarement lieu avant la nuit — il
fallait tout de suite envoyer les fourriers avec un officier de jour à la recherche des voitures d'approvision-
nement, lesquelles ne pouvaient nous parvenir que très
avant dans la nuit, le plus souvent après minuit, même
quand, par une heureuse chance, on avait réussi à les
découvrir du premier coup.

En attendant — Dieu sait avec quelle admirable résignation! — l'arrivée de cette manne terrestre, au bivouac on grignotait du biscuit, dont on avait toujours
quelques morceaux dans les sacoches ou même dans les
poches, et l'on donnait également à manger aux chevaux
l'avoine conservée dans les bissacs, comme une poire
pour la soif, car, pour le foin et la paille, il n'y fallait
pas songer.

En même temps, dans chaque peloton, quelques hommes s'employaient à creuser des trous dans le sol gelé,
pendant que d'autres allaient chercher, on ne sait où,
du bois pour faire du feu, et que d'autres encore, avec
leurs bidons, couraient au village ou dans les fermes
voisines, afin d'en rapporter de l'eau pour la préparation
de la soupe et du café.

Ainsi, après les fatigues cependant bien pénibles de
la journée, tout ce monde travaillait, chacun à sa tâche
particulière, dans le silence le plus complet, sans que
les chefs fussent obligés de crier pour se faire obéir,
sans que la moindre plainte fût proférée par personne.

Ainsi, l'installation du bivouac, très sommaire il est vrai, s'effectuait pour ainsi dire toute seule, en quelque sorte comme par enchantement, grâce à l'expérience acquise par les hommes, à leur art merveilleux de se débrouiller, à leur dévouement sans limite et à leur inaltérable bonne humeur, même dans les circonstances les plus difficiles. Ce que nous avons pu alors constater avec une réelle admiration, c'est que, parmi ces hommes d'âges très différents, les plus vieux étaient encore ceux qui résistaient le mieux, qui manifestaient le plus de zèle, et qui montraient le plus d'entrain.

D'ailleurs, les officiers prêchaient d'exemple, vivant généralement avec les hommes, du même ordinaire, et couchant à leurs côtés. Et quand, par hasard, nous mangions dans une baraque, comme à Poisly, après le dîner nous venions toujours au bivouac, où nous passions toute la nuit, accroupis auprès de feux toujours mourants et pêle-mêle avec nos cavaliers. Une des grosses difficultés consistait, en effet, dans l'entretien de ces feux, car le bois sec faisait défaut, on l'utilisait bûche à bûche, avec la plus parcimonieuse économie, et il n'était pas facile de s'en procurer, même à prix d'or.

Ce soir-là, 8 décembre, notre mouton étant épuisé, nous avons fait sauter à la poêle un poulet, que l'un de nous était parvenu à découvrir dans une ferme. Malheureusement, nous n'avions ni beurre ni saindoux, et il ne nous a pas été possible d'en trouver, ce qui fait que nous n'avons eu, en somme, à nous mettre sous la dent qu'un mélange d'os et de chairs meurtris, sanguinolents, à moitié brûlés et calcinés, que l'on a tout de même dévoré tant bien que mal.

Le repas terminé, on prenait le café en plaisantant; puis, après avoir allumé sa pipe, on allait voir son cheval et l'on rôdait d'un feu à l'autre, causant familièrement avec les hommes, pour tromper le sommeil et le froid, qui nous glaçait.

Un peu avant l'aube, tout le monde était debout; on prenait du café pour la troisième ou quatrième fois depuis la veille au soir, et l'on montait à cheval. La division se formait, pas très loin de l'emplacement de ses bivouacs, et elle restait là, attendant des ordres, pendant que l'état-major allait faire une visite à la batterie de 12, épaulée près de Cognère. De cette batterie on découvrait tous les environs, et nous examinions surtout le terrain qui s'étend au delà vers Jouy, Villermain et le château du Coudray, où l'ennemi avait aussi, depuis quelques jours, des batteries à poste fixe.

Tous les matins, quelques officiers allemands, dont l'un montait un cheval gris facile à distinguer, s'avançaient dans notre direction pour s'assurer sans doute si nous étions encore là. Aussitôt fixés sur ce point, ils se repliaient vers leurs batteries, et le premier coup de canon ne tardait pas à se faire entendre. Les nôtres ripostaient, et cet échange de projectiles entre les deux artilleries se poursuivait presque sans interruption pendant toute la journée. De telle sorte que, au milieu de cette plaine nue, on avait comme l'impression de se trouver dans un siège.

Sur ce théâtre de la lutte, j'ai été témoin d'un fait assez peu ordinaire.

Malgré leur curiosité, qui les porte bien souvent à commettre des imprudences, les habitants, c'est-à-dire les personnes étrangères à l'armée qui n'avaient rien à voir à nos démêlés avec l'ennemi, se tenaient, en général, quand ils ne se sauvaient pas, assez loin des projectiles, sur les points où avaient lieu les engagements. Or, pendant tout le temps que nous sommes restés à Poisly, une vieille femme est venue chaque jour ramasser des pommes de terre dans un champ voisin de notre batterie de droite, et, malgré toutes les observations qu'on a cru devoir lui faire sur les dangers qu'elle courait, elle n'a rien voulu entendre. Soit inconscience, soit par intérêt, soit pour tout autre motif, excepté la curiosité, cette bonne vieille a persisté à venir tous les jours travailler à son champ, montrant une indifférence absolue pour les événements qui se déroulaient autour d'elle, ainsi que pour les obus qui éclataient avec un fracas épouvantable en creusant des trous énormes.

Les journées du vendredi 9 décembre et du lendemain samedi ont peu différé de celle du 8. Cependant, si la canonnade a toujours présenté une grande intensité, nous n'avons pas été aussi pressés par l'ennemi, et, si nous n'avons pas gagné du terrain en avant, nous n'en avons pas non plus perdu.

C'étaient généralement les mitrailleuses qui terminaient cet étrange concert.

· Le soir, au moment où nous rentrions dans nos bivouacs, on entendait toujours leur bruit strident du côté de Cravant.

Mais, le 10, la canonnade a été d'une extrême violence sur le front que nous occupions. Dans la soirée, notre division a exécuté une grande reconnaissance sur Ouzouer-le-Marché, en passant par derrière les lignes de la 3ᵉ division d'infanterie du 21ᵉ corps.

En rentrant de cette randonnée, nous avons suivi le même itinéraire qu'à l'aller, ce qui a failli nous coûter cher. De loin, les troupes de la division Villeneuve, qui revenaient à leur bivouac, nous ont pris, un moment, pour de la cavalerie ennemie, et elles ont fait braquer sur nous leurs pièces, qui, heureusement, n'ont pas tiré à cause de l'incertitude où elles étaient encore.

La batterie allemande du Coudray, à portée de laquelle nous nous trouvions pourtant, n'a pas daigné nous honorer de ses salves. Mais cette batterie, dont le feu avait cessé depuis un moment, voyant la division Villeneuve s'arrêter pour nous laisser passer, a profité de cet arrêt pour envoyer encore quelques bordées dans les masses de la 3° division, qui, naturellement, était furieuse après nous, d'autant plus qu'il est tombé là des projectiles qui ont fait plusieurs victimes.

Tout ceci ne serait pas arrivé si nous avions prolongé notre mouvement de manière à ne pas ralentir la marche de l'infanterie ou même seulement si nous avions pris le trot, au lieu de continuer à marcher au pas, aussitôt après avoir été reconnus par elle.

Ce jour-là, il m'est arrivé une aventure assez bizarre.

Sur tout le front de l'armée, des fils télégraphiques mettaient en communication les différents quartiers généraux avec celui du général en chef à Josnes. Les poteaux auxquels ces fils étaient fixés se trouvaient généralement très espacés, ce qui fait qu'à certains endroits, entre deux poteaux, les fils touchaient presque le sol, tandis que sur d'autres points plus rapprochés des supports, ils en étaient à deux mètres et plus, c'est-à-dire à hauteur d'homme à cheval.

Quelquefois, j'avais fait remarquer aux camarades que ces fils seraient un bon moyen à employer pour arrêter les reconnaissances de l'ennemi, et nous riions de bon cœur en pensant que l'une d'elles pourrait, un jour, venir butter contre cet obstacle invisible surtout par un temps clair.

Or, le 10, vers 2 heures de l'après-midi, au moment où, par un soleil superbe, j'allais, au galop, porter un ordre au général Guillon, j'ai senti tout à coup quelque chose de brûlant me labourer la figure et me renverser sur la croupe de mon cheval. C'était un fil télégraphique que je venais de rencontrer. Je me trouvais donc pris moi-même au propre piège que je désirais voir tendre à nos adversaires. La chose était assez plaisante, et nous en avons bien ri vraiment, un peu plus tard, car sur le moment j'avais la figuré tout en sang et je souffrais beaucoup.

Ainsi, depuis le 5 décembre, malgré les efforts de l'ennemi pour nous repousser, nous couchions toujours sur les mêmes positions, du moins dans notre secteur, au centre du front occupé par l'armée.

Mais, à la droite, vers Cravant et Beaugency, les affaires n'allaient pas tout à fait aussi bien, à beaucoup près. Là, la colonne mobile de Tours avait été rejetée en désordre du côté de Mer, et les divisions Barry et Maurandy, sans parler de celles du 17e corps, avaient dû également se replier. En résumé, toute notre aile droite était forcée, et, en dépit de l'énergie de l'amiral et du général en chef, nous étions à la veille d'être coupés de Blois.

En conséquence, le commandement a pris ses mesures pour battre en retraite sur Vendôme. Cette retraite a commencé dans la matinée du 11. C'était un dimanche, jour de repos. Mais, pour nous, depuis déjà longtemps, il n'y avait plus de jour de repos.

Le 11 donc, de très bonne heure, notre division s'est repliée par Lorges et Briou. Elle venait d'atteindre ce dernier village lorsqu'un officier de l'état-major général est arrivé de Josnes apportant l'ordre suivant : « La cavalerie se retirera la dernière, et des pelotons désignés à cet effet fouilleront toutes les fermes et localités occupées hier encore par nos troupes et en feront partir tous les hommes qui pourraient encore s'y trouver, de manière que personne ne reste en arrière et ne tombe entre les mains de l'ennemi. »

La précaution était sage.

Nous avons donc fait demi-tour, revenant jusqu'à Poisly, d'où l'on a envoyé des pelotons dans toutes les directions pour y remplir la mission prescrite, et où nous sommes restés encore à peu près toute la journée.

Enfin, vers 3 heures du soir, notre tâche étant accomplie, nous nous sommes remis de nouveau en route par Lorges et Briou et, à la nuit tombée, nous arrivions à Bourichard pour y prendre nos bivouacs.

A peine étions-nous installés que la pluie s'est mise à tomber, puis, bientôt après, la neige.

VENDOME

Du 12 au 20 décembre : Bourichard. — Conan. — Courtiras. — Combat de Vendôme. — Retraite sur Le Mans. — Lunay. — Courdemanche. — Mulsanne.

Le hameau de Bourichard, autour duquel nous avons passé la nuit du 11 au 12 décembre, était encombré de personnes fuyant devant l'invasion. Nous avons retrouvé là des femmes et des enfants que nous avions déjà vus dans des localités précédemment occupées par nous. Et cet exode devait se poursuivre jusqu'au delà de la Mayenne.

Le 12, nous sommes venus prendre nos bivouacs entre les villages de Conan et de Rhodon. Il faisait un temps affreux, qui rappelait nos nuits près de Coulimelle, avec cette différence pourtant qu'à Conan nous avions des vivres en abondance.

L'avant-veille, c'est-à-dire le 10, ne sachant pas encore que l'armée devait se replier dès le lendemain, nous avions dépêché à Josnes, pour y chercher du pain dont nous manquions totalement à Poisly, un de nos cavaliers les plus dévoués et les plus débrouillards. Cet homme, nommé Laumain, ignorant aussi que nous allions battre en retraite, et préoccupé seulement de nous trouver des vivres, est resté dans Josnes au moment où nos troupes l'évacuaient, et l'ennemi a failli le prendre.

A vrai dire, nous le croyions bien perdu lorsque, à notre grande surprise, il est arrivé à Conan avec un sac rempli de pains, qu'il avait fait cuire exprès pour nous

chez un boulanger de Josnes, et que la pluie avait détrempés au point de les réduire en pâte.

Le malheureux Laumain, quand il eut vidé son sac,
était tout penaud de sa triste mésaventure. Mais nous
nous sommes empressés de le consoler en lui montrant
qu'ici le pain ne manquait pas, que nous en avions
d'excellent, et que, d'ailleurs, pour nous, l'essentiel c'é-
tait qu'il eût échappé aux mains de l'adversaire.

On a amené à Conan quelques prisonniers ennemis,
entre autres un sous-officier du 89ᵉ d'infanterie, que
nous avons dû nourrir et dont l'appétit formidable, con-
trastant singulièrement avec la sobriété habituelle de
nos hommes, a mis tout le monde en joie.

Le 13, avant le jour, nous nous sommes mis en marche pour continuer le mouvement de retraite. Notre
division flanquait la gauche du 16ᵉ corps et de l'armée.
Nous sommes passés par Budan, Villammoy, Crucheray,
d'où nous avons gagné la route de Tours, pour nous rendre à Vendôme et, de là, à Courtiras, village situé au
bord et sur la rive droite du Loir. Comme toujours, on
nous a installés au bivouac et nous y étions fort mal,
à cause de la pluie, incessante depuis Bourichard.

Dès notre arrivée, des ordres ont été donnés pour qu'on
procède sans retard à la visite des hommes et des chevaux, afin de réorganiser les unités, un peu disloquées
à la suite des fatigues éprouvées depuis quelques jours,
et de renvoyer en arrière, dans les dépôts, tous les éléments impropres à continuer la campagne.

Pour cette visite, les chevaux ont été naturellement
dessellés, opération qui, pour quelques-uns d'entre eux,
n'avait pas eu lieu depuis notre départ de Blois le 19
octobre, c'est-à-dire depuis cinquante-huit jours. Cela
peut paraître invraisemblable, et pourtant c'est la vérité.
Aussi, parmi ces animaux, on en a trouvé qui étaient

blessés à tel point qu'il ne fallait pas songer à leur remettre le harnachement. On ne pouvait s'expliquer comment, avec de telles plaies sur le dos ou sur les côtes, ces
pauvres bêtes avaient pu marcher et venir jusque-là.
Chez un certain nombre, on a pu constater que les plaies
s'étaient même guéries toutes seules, puisqu'on ne les
avait jamais pansées, et que maintenant elles étaient à
sec. Au 6ᵉ lanciers, dix chevaux, blessés par trop grièvement, ont dû être dirigés sur Saumur, où se trouvait
notre dépôt.

Le 14 décembre, nous n'avons pas bougé, sinon pour
changer notre bivouac de place, celui de la veille étant
devenu un cloaque.

Pendant la nuit, la plus grande partie de notre corps
d'armée, qui, jusqu'alors, était resté au sud-est de Vendôme, est passée sur la rive droite du Loir et a pris position sur les hauteurs à l'ouest de Courtiras. On n'a
laissé sur la rive gauche que la brigade Bourdillon, avec
des corps francs, c'est-à-dire assez de monde pour empêcher l'ennemi de pénétrer dans Vendôme comme dans
un moulin, mais pas trop cependant pour qu'un échec
probable risque de compromettre notre retraite.

Des dispositions analogues avaient été prises dans les
17ᵉ et 21ᵉ corps également établis le long du Loir depuis
Vendôme jusque près de Cloyes.

Si l'ennemi venait nous attaquer sur ce nouveau front,
ce qui semblait certain, il ne fallait pas le recevoir avec
une rivière à dos, sous peine de nous exposer à un épouvantable désastre. Le parti le plus sage consistait donc
à se couvrir du Loir, en plaçant l'armée sur la rive
droite et en laissant seulement sur la rive gauche des
forces suffisantes pour arrêter un moment l'ennemi et
nous permettre d'effectuer — ou plutôt de continuer —
notre retraite dans le meilleur ordre possible.

Le 15, l'ennemi s'est, en effet, présenté devant nous sur plusieurs points à la fois de notre ligne de bataille, en particulier devant Vendôme, où il s'est montré simultanément par la route de Tours et par le chemin d'Oucques.

Le combat s'est livré sur les hauteurs de Sainte-Anne, au delà du faubourg du Temple, vers le village de Coulommiers, c'est-à-dire sur les deux versants du ravin de la Housée.

Sur les hauteurs de Sainte-Anne, nos troupes ont maintenu à peu près leurs positions; mais, sur la rive droite de la Housée, le 17ᵉ corps n'a pu conserver les siennes.

Dès lors, le général en chef a donné des ordres pour que la retraite continuât sur Le Mans, et, dans la nuit du 15 au 16, les troupes de la rive gauche ont passé sur la rive droite, après quoi on a fait sauter les ponts, afin de retarder la marche de l'ennemi le plus possible et de l'empêcher de nous pousser trop vivement.

Pendant que se livrait le combat de Vendôme, notre division n'a pas quitté Courtiras; même nous sommes restés tout le temps pied à terre, à côté de nos chevaux sellés et bridés, causant avec les gens du pays, qui s'étaient rassemblés et cherchaient à se rendre compte du résultat de l'engagement.

Il y avait là beaucoup de femmes très attentives et très émues, et surtout très inquiètes. Que de craintes pour le lendemain! Car, hélas! on avait le pressentiment que nous allions nous retirer et que l'ennemi ne tarderait pas à prendre nos places. Comment se comporterait-il? Que fallait-il faire? S'enfuir ou bien rester? Telles étaient les questions qu'on nous posait, et il n'était pas commode d'y répondre. Partir? Mais où aller, où se retirer? Et combien de temps la guerre durerait-elle encore? Non; mieux valait demeurer chez soi; on ne pouvait pourtant pas tout abandonner!..: Pour ma part, c'est ce dernier conseil que j'ai toujours donné à ceux qui ont bien voulu me demander mon avis.

Le 16 décembre, le 16° corps a terminé dans la matinée l'évacuation de Vendôme, pendant que le génie se tenait prêt à faire sauter les ponts dès que le dernier homme aurait franchi la rivière.

L'ennemi ne perdait pas de vue ce mouvement rétrograde; ses éclaireurs étaient à l'affût, mais, nos arrière-gardes les tenant à distance, les troupes ont pu se replier sans être inquiétées.

Pour ce qui concerne notre division, elle est venue, le soir, prendre ses bivouacs près de Lunay, à sept ou huit kilomètres au nord de Montoire. La pluie n'avait pas un instant cessé de tomber depuis notre départ de Courtiras; elle est tombée pendant toute la nuit, et le lendemain il pleuvait encore quand nous nous sommes remis en route. Nous flanquions toujours la gauche du 16° corps.

Le 17, nous nous sommes dirigés d'abord au nord, sur Savigny, suivant toujours des chemins tortueux, souvent même des sentiers; puis, arrivés vers midi dans cette localité, nous avons tourné brusquement à l'ouest, marchant sur Bessé.

A Savigny, nous avons remarqué sur les portes des maisons et sur celles des écuries les inscriptions à la craie que les Allemands y avaient faites, environ un mois auparavant, lorsque la division Treskow s'était portée sur Le Mans, avant de venir, par Châteaudun, se joindre au grand-duc de Mecklembourg à Orgères pour prendre part à la bataille de Loigny. C'est cette division qui nous avait débusqués de Varize le 29 novembre, et nous avions des traces de son passage à Savigny par des indications précises. A Bessé, nous avons traversé la Braye, débordée et couvrant toute la vallée. Enfin nous sommes venus coucher à La Chapelle-Gaugain, dans un champ rempli de pierres, en pente assez raide, et relativement peu humide, ce qui nous a permis de dresser nos tentes-abris et de prendre un peu de repos, bien que, pendant la nuit, on ait fait de nombreuses patrouilles. Encore une fois, nous avions marché presque toute la journée sans nous arrêter, mais sans faire beaucoup de chemin à vol d'oiseau.

Le 18 décembre, nous sommes venus à Courdemanche. C'était un dimanche, l'étape avait été courte, nous arrivions à destination à peu près à midi et le temps s'était considérablement amélioré. Tout était donc pour le mieux. On a pu se refaire un peu, changer de linge et manger à l'aise. Les habitants, qui n'avaient jamais tant vu de troupes ont passé toute la journée dans nos bivouacs.

Ils demandaient : « Ou sont donc les Prussiens? » Et nos hommes répondaient : « Les Prussiens? Ah bien, mes bons amis, vous n'avez pas besoin de vous en inquiéter! Ils n'oseront jamais mettre les pieds dans votre pays : il y a trop de haies, de *fossés*, de chemins creux pour qu'ils s'y aventurent. » Mais ces braves gens n'avaient tout de même pas l'air très rassurés. C'est que, dernièrement, lorsque le corps de Treskow, descendu de Chartres à Nogent-le-Rotrou, s'était avancé sur Le Mans jusqu'à La Ferté-Bernard, on avait vu de ses détachements à Saint-Calais et à Savigny. Quelques-uns de leurs éclaireurs étaient même venus jusque près de Courdemanche, ce qui avait semé l'effroi parmi les populations de ce pays. Aussi, malgré les assurances de nos hommes, les habitants n'étaient pas maintenant sans éprouver quelques inquiétudes. Et nous-mêmes qui écoutions sans rien dire, nous savions bien que l'ennemi nous suivait, qu'il n'était pas loin derrière nous et que le lendemain, si ce n'était pendant la nuit, il viendrait probablement prendre nos places.

Le 19, nous avons quitté Courdemanche, marchant sur le Grand-Lucé par Saint-Pierre et Saint-Vincent-du-Lorouer. Nous suivions alors la route de La Chartre au Mans. Vers 3 heures du soir, à huit ou dix kilomètres au delà du Grand-Lucé, la division s'est disloquée : les cuirassiers et les dragons sont allés à Parigné-Lévêque, la brigade légère avec l'état-major de la division à Challes, la brigade Digard à Brette. Ce soir-là, nous avons couché au milieu des bois de sapins, dont le nombre est si considérable aux alentours du Mans.

A Brette, nous étions bivouaqués près du cimetière. Nous avons trouvé dans le village des ressources en abondance. Le temps était plutôt doux, et l'installation sous bois excellente. Aussi nous aurions bien voulu demeurer là longtemps. Mais le lendemain 20 décembre, vers 11 heures du matin, nous avons dû décamper pour aller nous installer un peu plus à l'ouest : le 3e chasseurs à Téloché, le 6e lanciers près de Mulsanne, la brigade légère de Tucé à Moncé-en-Belin, pendant que les cuirassiers et les dragons étaient maintenus à Parigné.

A Mulsanne, le 6e lanciers a d'abord été placé au bivouac au milieu des sapins, dans l'avenue qui va de la route de Tours au château de La Rochère, propriété de M. le comte des Essarts, où le commandant de notre division avait établi son quartier général.

Le régiment était à peine installé que le général est venu nous visiter, accompagné de Mme la comtesse. Il a recommandé de ne pas toucher aux sapins, disant que le château fournirait du bois sec en quantité suffisante pour se chauffer et pour cuire la soupe, et surtout de ne pas allumer de feux dans le bois, ce qui pourrait occasionner des incendies. C'était, en effet, prudent, bien que, par ce temps humide, le danger ne fût pas très à redouter.

Les chevaux, placés sur un rang, occupaient un des côtés de l'avenue, le plus à l'abri du vent. De l'autre côté se trouvaient les tentes, les feux et les bagages. Cette première journée a été bonne.

Le lendemain, 21 décembre, le temps, d'abord pluvieux, est devenu tout à coup très froid. Dans la soirée, ainsi que dans la nuit, la neige est tombée abondamment, et les hommes, qui grelottaient sous les tentes, se sont levés pour se ranger autour des feux. Personnellement, étant resté après le dîner étendu auprès d'un de ces feux sur un peu de paille, j'avais fini par m'endormir, roulé dans mon manteau. Mais, vers minuit, le feu se trouvant à peu près éteint, et le froid m'ayant saisi, je me suis réveillé les membres raides et le corps glacé. Mon manteau était plus dur qu'une feuille de tôle. Si je l'avais secoué, il se serait certainement brisé. Je me suis relevé horriblement malade. Des hommes sont venus, qui ont rallumé et activé le feu. J'ai fait chauffer de l'eau dans une marmite, où j'ai mis infuser du thé, dont j'étais toujours pourvu, et j'en ai absorbé plusieurs quarts, ce qui m'a fait le plus grand bien et remis tout à fait d'aplomb. Il était temps !

LE MANS

Du 24 décembre 1870 au 15 Janvier 1871 : Séjour aux environs du Mans. — Mulsanne. — Château-du-Loir. — Bivouacs. — Cantonnements. — Colonnes mobiles. — Combat de Vancé. — Batailles du Mans. — Arnage. — Retraite sur Laval par Saint-Denis d'Orques.

De Vendôme au Mans, le pays est assez accidenté, au moins dans beaucoup de parties, et surtout très couvert, c'est-à-dire très propre à la guerre défensive, à une guerre de partisans ou d'embuscades.

Aussi, beaucoup d'entre nous étaient persuadés que les Allemands ne nous suivraient pas dans notre retraite ou, du moins, qu'ils ne chercheraient pas à s'emparer du Mans. On pensait qu'ils se borneraient à nous observer et à nous maintenir dans cette région.

Nos adversaires ne paraissaient avoir aucun intérêt à occuper la ville du Mans, bien que celle-ci puisse être considérée en quelque sorte, et plutôt que Rennes, comme la capitale de la Bretagne.

Cependant, dès le mois d'octobre, l'éventualité d'une pointe sur Le Mans avait été prévue, elle avait même reçu un commencement d'exécution, par la marche du détachement du général Treskow, et, lorsque le comte de Kératry avait été chargé de la défense dans l'Ouest, il s'était, en même temps qu'il organisait le camp de Conlie, occupé de faire exécuter des travaux destinés, sinon à arrêter l'ennemi, du moins à ralentir sa marche.

C'est ainsi que, dans un rayon de près de quarante kilomètres autour du Mans, toutes les routes avaient été coupées, tous les ponts étaient tenus prêts à faire sauter, tous les chemins se trouvaient plus ou moins obstrués ou barrés.

Ces dispositions, sans doute fort judicieuses, avaient pour le moment un sérieux inconvénient. Elles gênaient considérablement notre marche rétrograde. En effet, à chaque instant nous nous trouvions en présence d'obstacles qu'il fallait tourner, de défilés qu'il fallait franchir et qui allongeaient outre mesure les colonnes, alors que nous avions besoin de la plus grande cohésion pour activer le mouvement et pour maintenir la discipline.

Plus tard, je le dis tout de suite, afin de n'avoir pas à revenir sur le même sujet, les mêmes causes de ralentissement devaient se rencontrer dans notre retraite du Mans sur Laval, et ici c'était beaucoup plus grave, car les entraves étaient plus nombreuses encore, plus sérieuses aussi, et enfin nous étions talonnés de plus près et plus vivement par l'ennemi.

Ceci montre qu'avant de démolir des ouvrages d'art et d'obstruer les routes, il faut d'abord se demander si toutes ces mesures prises contre l'ennemi ne seront pas un jour nuisibles à notre propre armée, c'est-à-dire à nous-mêmes.

Mais il est évident qu'à l'heure où l'on organisait la défense aux environs du Mans on ne songeait qu'au plus pressé, sans penser qu'une de nos armées viendrait un jour se réfugier dans cette région difficile.

Quoi qu'il en soit, nous nous sommes installés autour du Mans, et dès le 20 décembre, cette ville est devenue le centre des opérations de la 2e armée de la Loire et le siège du quartier général de son commandant en chef.

Je ne raconterai pas jour par jour et heure par heure ce qui s'est passé autour de moi du 20 décembre 1870 au 9 janvier de l'année suivante. Ce serait sans aucun intérêt, d'autant plus que nous n'avons presque pas bougé. Cependant, la neige étant tombée avec abondance et le temps étant devenu très mauvais, au lieu de nous laisser au bivouac, même au milieu des sapins, on s'est décidé, dès le 26 décembre, à nous mettre enfin en cantonnement.

Du reste, après nous avoir suivis un moment dans notre retraite, l'ennemi s'était arrêté, et tout permettait de supposer que nous resterions assez longtemps dans ces parages. Il convenait donc de nous y installer de la façon la plus confortable possible.

Le 24, veille de Noël, je suis allé au Mans pour y chercher des vivres. Le colonel m'avait chargé, en outre, d'acheter certains effets pour les hommes. On m'enverrait le lendemain une voiture pour les prendre et les apporter au bivouac. Il s'agissait d'acquérir des chaussettes, caleçons, chemises de flanelle et des bonnets de coton pour la nuit. La commission n'était pas difficile, les magasins du Mans se trouvant amplement pourvus en ressources de ce genre.

Parti seul, à cheval, dans la soirée du 24, je suis descendu à l'hôtel du Dauphin, sur la Grand'Place. J'ai bien pu mettre mon cheval à l'écurie, mais je n'ai pas trouvé pour moi la moindre chambre. Tout l'hôtel était envahi, depuis la cave jusqu'au grenier. « J'ai même dû céder ma propre chambre », me dit l'hôtelière en soupirant. « Eh bien ! madame, ne vous mettez point en peine ; voilà près de cinq mois que je couche dans les champs : je n'ai donc pas le droit de me montrer difficile. Aussi, si vous le permettez, je coucherai ce soir à l'écurie, à côté de mon cheval. Il y a des stalles vides : cela me suffit. » Je couchai, en effet, à l'écurie. Après tout, je me trouvais infiniment mieux, roulé dans une couverture et étendu sur de la paille, qu'au bivouac dans les sapins. D'autre part, je pensais qu'il n'y avait pas d'humiliation à coucher dans une écurie la nuit où précisément le Sauveur du monde était né dans une étable. Et je dormis comme un bienheureux, après avoir un moment rêvé à cette bizarre coïncidence.

Le lendemain, quand la distribution de ma cargaison d'effets eut été faite aux escadrons, les hommes arborèrent immédiatement leur bonnet de coton, et ce fut un spectacle amusant de voir, dans l'avenue du château de La Rochère, tout le régiment se promener en casques à mèche.

Depuis, n'ayant rien à faire au cantonnement, puisque j'étais sans commandement, je suis retourné plusieurs fois au Mans, mais sans y coucher. Nous n'en étions d'ailleurs qu'à une douzaine de kilomètres. J'y allais surtout pour y chercher des vivres, très rares à Mulsanne : un jour je rapportai une oie, un autre jour des marrons ou des fromages de Camenbert, qui, entre parenthèse, étaient excellents; une autre fois, un sac d'oignons, ceci pour être agréable à mon capitaine qui les aimait beaucoup. Certes, il n'était pas facile de s'en procurer. Enfin, après de nombreuses recherches infructueuses, j'en trouvai, chez un grainetier, environ un double décalitre, que je payai fort cher, comme tout ce que nous achetions en ces temps de misère noire, et cette précieuse découverte m'a valu d'être accueilli avec des transports de joie à ma rentrée au cantonnement.

En cuisine, les oignons sont vraiment d'une grande ressource. Nous en avons mangé accommodés à toutes les sauces et même sans sauce, c'est-à-dire crus; et, à l'un de nos déjeuners, nous en avions pour tous les goûts : dans la soupe, en miroton avec du bœuf, sautés au beurre et enfin à la croque au sel. Mon capitaine était aux anges!

J'ai dit qu'en raison du mauvais temps persistant et de l'attitude de l'ennemi, qui avait l'air de vouloir rester stationnaire, on s'était décidé à nous mettre en cantonnement. A cet effet, la division avait été répartie de la manière suivante : Les cuirassiers à Parigné-l'Evêque, le 4º dragons à Mulsanne, la brigade de Tucé à Moncé-en-Belin, le 3º chasseurs à Téloché; enfin le 6º lanciers avait son état-major et le 6º escadron à Mulsann : les 3º et 5º escadrons à Laigné-en-Belin, une division du 4º escadron à Château-du-Loir, l'autre dans les fermes autour de Mulsanne : à La Besnerie, La Paumerie, Le Ronceray, Goyer, la Petite et la Grande-Mauvaisinière. Toutes ces fermes, assez pauvres du reste, appartenaient au comte des Essarts, du château de La Rochère. Le capitaine en second et moi nous étions à La Paumerie, qui se trouve au centre du groupe, à côté d'un ruisseau nommé le Posset.

Les escadrons cantonnés à Laigné se trouvaient dans de bonnes conditions matérielles, ainsi que la division détachée à Château-du-Loir. Mais le 6º escadron et la 2º division du 4º n'avaient qu'une installation assez médiocre, surtout pour les chevaux, placés, en général, sous de mauvais hangars, ou même en plein vent autour des maisons. On a tout fait d'ailleurs pour les abriter le mieux possible. Malheureusement, les ressources faisaient défaut. En tout cas, ils étaient encore mieux là qu'au bivouac dans les champs, voire même dans les avenues des châteaux. Et puis, ils ne faisaient presque rien, car, en dehors de la division détachée à Château-du-Loir, le régiment ne fournissait qu'un poste de correspondance établi sur la grande route de Tours au Mans, à La Bermaudière, à hauteur de Laigné-en-Belin.

Nous devions rester dans ces positions jusqu'au 8 janvier 1871.

Entre temps, l'armée recevait chaque jour des renforts, le général en chef la réorganisait et il se préparait à marcher au secours de Paris en combinant ses opérations avec celles des armées de Bourbaki et de Faidherbe.

Pour faire lever le siège de Paris, il fallait, en effet, lier les opérations de toutes les armées de la province qui pouvaient venir au secours de la capitale. Et il fallait se hâter, car Paris ne devait plus avoir des vivres pour bien longtemps.

Sur ce point, le gouvernement de la Défense nationale avait seul des données certaines. Encore, peut-être, lui cachait-on une partie de la vérité. Quoi qu'il en soit, c'est vers le déblocus de la capitale que devaient tendre tous les efforts. Chacun s'en rendait parfaitement compte.

D'une part, les troupes assiégées ne pouvaient pas, à elles seules, rompre le cercle de fer qui les enserrait. Par suite, si la situation se prolongeait, la capitulation se présentait comme la seule issue possible. Et cette capitulation, rendant disponibles la majeure partie des forces de l'ennemi employées aux opérations du siège, sans parler de la répercussion fâcheuse qu'un événement de cette importance aurait au point de vue moral, devait encore avoir pour résultat de rendre, sinon impossible, tout au moins beaucoup plus difficile la prolongation de la lutte sur les autres points du territoire.

D'autre part, il était évident que les efforts de chacune des armées de province étaient forcément condamnés à rester stériles aussi longtemps qu'ils demeureraient individuels.

Ainsi, en résumé, tout était subordonné à la durée du siège. Tant que Paris tenait, il immobilisait une grande partie des forces allemandes, et c'était là le centre vers lequel devaient tendre tous nos efforts. Mais, comme on sentait qu'il ne pouvait plus tenir longtemps — on était même étonné de la prolonga...on de sa résistance — il fallait s'empresser d'agir. Dans quel sens devait-on le faire? Quels étaient les meilleurs moyens à employer pour arriver au but? Voilà en quoi précisément on pouvait différer d'avis.

De tous les généraux placés alors à la tête des armées, il est probable que chacun avait son plan. On a assez souvent parlé de celui du gouverneur de Paris, qui, pour le moment, ne devait plus avoir d'espoir que dans l'intervention des armées de province. Si celles-ci n'arrivaient pas à se rapprocher de la capitale et à menacer sérieusement l'armée de siège, il était manifeste que l'armée assiégée ne pourrait pas se dégager et gagner le large. Ce qu'elle n'avait pas pu faire le 1er et le 2 décembre, alors qu'elle était encore dans toute sa vigueur, elle ne pouvait plus espérer l'accomplir, maintenant que ses forces et ses ressources allaient s'épuisant de jour en jour.

Il fallait donc agir vivement et vigoureusement, et la 2e armée de la Loire ne pouvait pas s'éterniser autour du Mans. De là, elle ne pouvait être d'aucun secours à l'armée de Paris. Elle ne pouvait être utile à personne.

A l'époque où nous sommes arrivés, on ne savait même plus très exactement si cette armée avait encore devant elle toutes les forces ennemies qui l'avaient refoulée vers l'Ouest. Même on avait quelques raisons de croire que les Allemands, laissant devant elle un simple rideau, s'étaient retirés, le grand-duc de Mecklembourg vers Chartres, et le prince Frédéric-Charles vers Orléans. Mais celui-ci, pensait-on, menaçait maintenant Bourges, c'est-à-dire la 1re armée de la Loire, commandée par Bourbaki. Pour la 2e armée, le moment parais-

sait donc venu de reprendre l'offensive. Refaite et re-
posée, ayant reçu des renforts et en recevant encore
chaque jour, cette 2° armée n'aurait pas de peine à
chasser devant elle le rideau de l'adversaire et à gagner
assez vite les environs de Dreux, d'où elle pourrait inquiéter sérieusement l'armée de siège et le quartier du
Roi, installé à Versailles.

Mais il fallait qu'en même temps Bourbaki agît par le
Sud et Faidherbe par le Nord, et il n'y avait que le gouvernement de la Défense nationale qui pouvait donner
les ordres d'ensemble et coordonner toutes ces opérations.

C'était bien aussi ce qu'il faisait. C'était bien en vertu
des ordres inspirés par Gambetta que les armées de province effectuaient leurs mouvements. Seulement, à Bordeaux, on avait des vues qui n'étaient peut être pas
celles des généraux commandant les armées. Ainsi, tandis que le général Chanzy demandait la convergence des
efforts sur Paris, le gouvernement de Bordeaux prenait
l'initiative d'un grand mouvement de l'armée de Bourbaki vers l'Est, cette armée devant d'abord nettoyer les
environs de Dijon, faire ensuite lever le siège de Belfort, puis se jeter enfin sur les lignes de communication
de l'ennemi, ce qui aurait, pensait-on, pour conséquence
d'obliger ce dernier à lever le siège de Paris. Napoléon
avait eu aussi cette pensée en 1814, avec, il est vrai, des
moyens différents, mais elle n'avait abouti à aucun résultat pratique.

Au lieu donc de marcher sur Paris, l'armée de Bourbaki a été employée à faire une diversion. Pendant
que ce grand mouvement se préparait, la 2° armée ne
demeurait pas inactive. L'ennemi ne venant pas à elle,
c'est elle qui est allée le chercher. On voulait d'abord

savoir au juste à quoi s'en tenir sur ses dispositions, connaître où il était et qu'elles étaient ses forces.

A cet effet, on a organisé plusieurs colonnes mobiles, composées de troupes de toutes armes. Parmi les régiments de notre division, il n'y a guère que le 3° cuirassiers et le 3° chasseurs qui aient participé aux opérations de ces colonnes. Les autres, dans leur ensemble, n'ont pas quitté le; cantonnements.

Les colonn··· mobiles, commandées par le colonel Villain, le géné.al Rousseau, le général de Jouffroy d'A-bans, ont d'abord obtenu quelques succès, celle du général Rousseau du côté de Nogent-le-Rotrou, celle du général de Jouffroy du côté de Vendôme. Mais ces avantages ont été de courte durée. Bientôt, l'ennemi, plus nombreux qu'on ne pensait, s'est avancé en forces dans toutes les directions, nos colonnes ont été refoulées après avoir subi des pertes sérieuses, et finalement la 2° armée de la Loire s'est trouvée en butte aux coups des deux armées du prince Frédéric-Charles et du grand-duc de Mecklembourg.

Si nous étions restés tranquilles aux alentours du Mans, il est certain que les Allemands n'auraient pas songé à troubler notre repos. Mais, du moment où nous allions les taquiner, ils ne pouvaient pas moins faire que d'essayer de nous refouler encore plus loin dans l'Ouest.

Cependant, nous ne pouvions pas demeurer immobiles autour du Mans; nous avions pour devoir de marcher au secours de la capitale, notre objectif constant, parce que de la délivrance de Paris dépendait le succès de nos armes et probablement le sort de la France. Nous avons donc marché. Mais l'ennemi n'a pas tardé à nous ramener, et, dès le 8 janvier, nous l'avions sur les bras sur tout le front de l'armée, d'un bout à l'autre de la ligne.

C'est ce jour-là, le 8 janvier, qu'a eu lieu le combat de Vancé, où notre 3° cuirassiers a éprouvé un échec assez sensible. Cantonné dans ce village, le régiment avait une grand'garde sur la route de Bessé. Dans la matinée du 8, un officier est allé en reconnaissance par cette même route. Il venait de dépasser la grand'garde depuis un moment quand on l'a vu revenir ventre à terre, poursuivi par un groupe de cavaliers ennemis. A la vue de cette course, au lieu d'attendre l'ennemi et de chercher à l'arrêter, la grand'garde a suivi le mouvement. Et les uhlans qui poursuivaient sont entrés dans le village pêle-mêle avec les nôtres. Il en est résulté naturellement, un grand désordre, au cours duquel le colonel Tréboute, commandant le régiment, a été blessé de trois coups de lance, pendant qu'il montait à cheval devant la porte de la ferme où il était logé.

Sur ces entrefaites, heureusement, les éclaireurs algériens du colonel Goursault sont venus à la rescousse du 3° cuirassiers; mais, l'ennemi s'étant bientôt présenté en forces et ayant fait agir de l'artillerie, nos cavaliers ont dû se replier non sans avoir essuyé des pertes sérieuses.

Lorsque, le lendemain, les cuirassiers et les éclaireurs sont arrivés à Mulsanne, la plupart étaient dans le plus triste état, et le colonel Tréboute, blessé assez grièvement, se plaignait amèrement d'avoir été surpris par la faute de sa reconnaissance et aussi par celle de sa grand' garde.

Vers le même temps, le même jour, je crois, un des brigadiers de mon escadron, appartenant à la division détachée à Château-du-Loir, a fait preuve d'un très grand sang-froid et d'une présence d'esprit assez rare, en revenant d'accomplir une mission. Ce brigadier, nommé Boiron, avait été chargé de porter une dépêche importante au général de Curten, dont la division opérait du côté de Château-Renault. Le pays à traverser étant peu sûr, on avait pris toutes les mesures nécessaires pour que la dépêche ne tombât pas entre les mains de l'ennemi, même dans le cas où le porteur viendrait à être enlevé, ce qui était fort possible. Mais Boiron n'a pas été pris, et il s'est acquitté fort heureusement de sa tâche. Toutefois, au moment où il revenait et pendant qu'il traversait un bois, il s'est trouvé tout à coup en présence d'une patrouille ennemie qui s'est lancée à sa poursuite. Or, en traversant le bois, Boiron avait remarqué un poste de mobiles. En se retirant devant l'ennemi, il s'est donc replié de ce côté tout en faisant bonne contenance. Puis, arrivé à hauteur du poste, il lui a fait comprendre par signes qu'il était poursuivi. En conséquence, les mobiles n'ont pas bougé, et, lorsque la patrouille ennemie s'est présentée, ils l'ont ramassée en bloc. Cette patrouille comptait huit cavaliers, qui, tous, ont été pris.

Le brigadier Boiron n'était certes pas un aigle ; mais il avait beaucoup de bon sens, de la bravoure et du sang-froid. Toujours il s'acquittait très ponctuellement de ses devoirs. Dans les circonstances difficiles où nous avons presque toujours été placés, jamais il ne s'est laissé aller au découragement, toujours il était de bonne humeur, cherchant à ranimer le courage de ses camarades lorsqu'il les voyait s'abandonner. Ces hommes-là sont les plus précieux auxiliaires du commandement à la guerre et l'on ne saurait trop les récompenser.

Boiron avait aussi été l'ordonnance d'un de nos camarades les plus charmants, le lieutenant Bocheron, tué à Frœschwiller. On savait qu'il lui était dévoué et qu'il l'avait beaucoup regretté.

Pour tous ces motifs, tout le monde lui portait de

l'intérêt et on l'avait nommé brigadier malgré son peu d'instruction. A la suite de la capture de la patrouille allemande, dont le mérite lui revenait incontestablement, il a été d'abord médaillé, puis nommé sous-officier.

Le 10 janvier, de très bonne heure, presque avant le jour, la division est montée à cheval et nous sommes venus nous former dans la grande avenue qui mène du château de La Rochère au village d'Arnage. Le temps était clair et il faisait très froid. Bientôt, le canon s'est fait entendre et la lutte est devenue vive du côté de Parigné. Nous sommes restés dans notre position jusque vers 2 heures, sans bouger. Alors, on nous a mis en route sur Le Mans, où nous sommes arrivés un peu avant la nuit, sans toutefois dépasser le faubourg de Pontlieu. Là, nous avons fait halte pendant un assez long temps. Puis, la nuit étant venue, le canon et la fusillade ayant aussi cessé de se faire entendre, on nous a acheminés par la route du Mans à Nantes, et nous nous sommes arrêtés à hauteur d'Arnage, après avoir parcouru environ cinq kilomètres.

Le terrain était horriblement glissant; le froid devenait de plus en plus intense, et, pour comble d'infortune, la pluie et la neige se sont remises à tomber de plus belle. Aussi la nuit a-t-elle été détestable. On a laissé les chevaux sur deux rangs, face aux fossés de la route, les hommes restant debout et ne sachant où s'abriter. Pour ma part, grâce à la hache dont j'étais pourvu, j'ai passé la nuit à abattre des sapins, la route étant bordée de bois de cette essence, non pas certes pour faire du feu, mes sapins ne brûlaient pas, mais simplement pour me réchauffer. A vrai dire, on a bien essayé de les allumer, afin de pouvoir faire du café, mais toutes nos tentatives sont demeurées infructueuses. D'ailleurs, à part celle qui tombait du ciel, nous n'avions pas d'eau. Toutefois, nous nous sommes servis de nos sapins pour en faire des abris.

Enfin, le jour est revenu, la neige et la pluie ont cessé de tomber, le soleil s'est même montré par intervalles, et la bataille a recommencé aux alentours du Mans sur toute la ligne. Elle a duré toute la journée sans que nous y prissions la moindre part et sans que nous puissions en apercevoir aucune des péripéties. En effet, de l'endroit où nous étions placés, au milieu des bois de sapins, on ne pouvait rien découvrir en dehors de la route. Mais, en revanche, nous étions assourdis par le bruit de la mousqueterie, qui était très intense. Quant à la canonnade, elle était beaucoup moins nourrie que dans les autres batailles, parce que, dans ce pays couvert l'artillerie ne pouvait guère agir que sur les routes et encore par petits paquets.

Au cours de cette journée, nous avons eu, sans doute, des succès et des revers; mais vers le soir, autant qu'il nous était possible d'en juger par le bruit de la fusillade, nous devions avoir à peu près conservé nos positions du matin. Cependant, au moment où tout paraissait terminé pour cette fois, une très vive fusillade a éclaté à notre gauche et tout près de l'endroit où nous étions arrêtés. Les Allemands, venant par la route de Tours, attaquaient la position de La Tuilerie.

Très forte par elle-même et garnie de pièces d'artillerie qui enfilaient la route sur une assez grande longueur, cette position ne pouvait être enlevée de front qu'au prix de sanglants sacrifices. Nous en avions fait la remarque la veille en passant par là et nous nous disions : « Si les Prussiens se présentent par ici, ils auront bien du mal à s'emparer de ces hauteurs. » Ils l'ont fait pourtant sans beaucoup de peine et certainement sans éprouver beaucoup de pertes. C'est que les pentes de ces hauteurs et toute la plaine du côté de Mulsanne sont couvertes de sapins, ce qui permet de s'en approcher sans être vu. D'autre part, les Allemands ont encore attendu la nuit pour les attaquer, ce qui devait augmenter leurs chances. Enfin, ils ont eu le bonheur de ne presque pas rencontrer d'adversaires, les mobilisés bretons, qui étaient chargés de la défense de la position, l'ayant pour ainsi dire abandonnée au moment où, la nuit étant arrivée, ils croyaient la journée finie.

Toujours est-il que la prise de La Tuilerie, que nous devinions par la direction des feux de mousqueterie, plaçait notre division dans la situation la plus critique. Si, en effet, les Allemands avaient connu notre présence en un point aussi rapproché, il est évident qu'ils auraient pu nous faire un très mauvais parti. Ne pouvant suivre qu'une route couverte de verglas et ne pouvant pas traverser la Sarthe à hauteur d'Arnage, puisqu'il n'y existe pas de pont, il fallait, si nous avions été attaqués par l'infanterie, soit nous rabattre sur Le Mans, soit marcher vers La Suze. Mais, dans les deux cas, nous pouvions être coupés. Nous nous en rendions très bien compte, et le commandement n'était pas sans éprouver d'assez vives inquiétudes.

Enfin, nous nous sommes repliés sur Le Mans, en nous couvrant de la voie ferrée de Tours, qui est sur ce point en remblai. Puis, parvenus aux bords de l'Huisne, nous l'avons remontée jusqu'à Pontlieu. Il était environ minuit quand nous avons atteint ce faubourg. A ce moment, on ramassait tous les fantassins qu'on pouvait trouver, et l'on organisait une colonne pour essayer de reprendre La Tuilerie, où, d'ailleurs, on se tiraillait toujours. Mais cette tentative n'a pas réussi.

Vers 1 heure du matin, nous avons traversé Le Mans,

menant nos chevaux par la figure. Les rues étaient complètement désertes. Toute l'armée avait été maintenue à l'extérieur de la ville par ordre du général en chef, et couchait, en somme, sur ses positions, car, en dehors de la malheureuse affaire de La Tuilerie, le résultat de la bataille du 11 était assez satisfaisant et la retraite, dans la soirée, de l'artillerie ennemie pouvait permettre d'espérer que les Allemands, fatigués par notre résistance, se décideraient peut-être le lendemain à abandonner la lutte.

Pendant que nous traversions Le Mans, je me suis préoccupé d'acheter un journal, afin d'avoir des nouvelles fraîches, car, depuis quelques jours, nous étions dans une ignorance à peu près complète des événements qui se passaient. Le hasard m'a fait précisément rencontrer un homme qui était en possession de plusieurs numéros de l' « Union de la Sarthe ». J'en ai accepté deux, que j'ai mis dans ma poche, en attendant d'être arrivé au bivouac, où seulement il me serait possible d'en prendre connaissance.

Ce bivouac, nous l'avons pris vers 3 heures du matin, aux environs de Pruillé-le-Chétif, où nous sommes venus en marchant presque constamment à pied et en passant par le faubourg de Saint-Pavin-des-Champs. C'est en sortant de ce faubourg, déjà encombré par des bagages de toutes sortes qu'on faisait filer vers l'ouest, que j'ai pris deux pains sur une des voitures qui en étaient chargées. Mais je ne m'en suis emparé qu'avec l'assentiment de l'officier d'administration qui en avait la garde.

Le régiment n'ayant pas reçu de distributions depuis deux ou trois jours, je me suis cru autorisé à réclamer à cet officier, en marchant côte à côte avec son convoi, du pain qui, en somme, nous était dû. Si j'en avais fait la demande, on m'aurait bien donné toute la charretée.

Mais je n'aurais pas été beaucoup plus avancé, car ce pain, recouvert seulement d'une bâche qui le protégeait insuffisamment contre le froid, était gelé au point de ne pas pouvoir être utilisé. Je m'en suis aperçu en arrivant au bivouac, lorsque j'ai voulu y goûter. De telle sorte que ce que je considérais d'abord comme une heureuse trouvaille ne nous a été d'aucun secours.

Au bivouac, dans le champ où l'on nous avait jetés, à gauche de la route, nous avons dû rester constamment debout. Il faisait un clair de lune superbe, le froid était très rigoureux et nous avions un bon pied de neige presque aussi dure qu'un glacier.

Nous sommes restés là pendant tout le reste de la nuit et la plus grande partie de la journée du 12, sans pouvoir allumer le moindre feu. Nous écoutions le bruit de la bataille qui continuait autour du Mans, où elle avait recommencé dès le matin. Mais la lutte ne présentait pas, à beaucoup près, la même intensité que la veille. Nos troupes se repliaient peu à peu, et, vers le soir, toute la 2ᵉ armée de la Loire se trouvait en pleine retraite. Celle-ci devait d'abord se faire, paraît-il, dans la direction du nord, vers Alençon. En définitive, elle s'est plutôt effectuée sur Laval et Mayenne, c'est-à-dire vers l'ouest.

Notre corps d'armée, le 16ᵉ, suivait la grande route du Mans à Laval par Saint-Denis-d'Orques. Nous le flanquions, à gauche, suivant des chemins à peu près parallèles, à une distance d'environ cinq kilomètres.

Le 12 au soir, nous avons bivouaqué près du village de Vallon.

Le 13, notre division est arrivée à hauteur de Saint-Denis-d'Orques, en passant par Loué et Joué-en-Charnie. A Loué, un joli bourg où nous avons fait une halte prolongée, j'ai acheté un grand pot de confits d'oie, qui m'a coûté fort cher — 14 francs — mais qui était un mets exquis, d'autant meilleur que nous avons passé toute la journée du 14 dans un bivouac d'ailleurs fort mauvais, toujours en plein champs, sans rien recevoir de l'administration, hélas ! complètement désemparée. On se procurait des vivres comme on pouvait, à prix d'or, et le pays n'offrait pas de bien grandes ressources.

J'ai profité de ce répit pour changer de linge, ce que je n'ai pas fait au bivouac toutefois, à cause de la rigueur de la température, mais dans une maison de Saint-Denis-d'Orques, dont le propriétaire avait été assez obligeant pour me prêter une chambre où j'ai pu procéder à une toilette complète, luxe devenu rare depuis quelque temps.

Nous pensions rester là encore au moins une journée, parce que des ordres venus du quartier général prescrivaient de s'établir dans de bonnes positions défensives afin d'y recevoir l'ennemi et de le rejeter vers Le Mans. Mais, vers 10 heures du soir, nous avons aperçu la division Barry qui défilait sur la route, et, comme l'ennemi la suivait de près, on a prescrit d'éteindre les feux de bivouac ; nous sommes montés précipitamment à cheval, et nous avons été prendre rang dans la colonne formée par notre arrière-garde. Cette colonne présentait alors l'aspect suivant : L'artillerie et les voitures marchaient au milieu de la chaussée — la route est d'ailleurs très large ; — l'infanterie suivait le côté droit et la cavalerie le côté gauche — dans le sens de la marche — les hommes et les chevaux disposés par deux ou trois, même par un, car il faisait noir comme dans un four. La neige tombait à gros flocons, des chevaux culbutaient à chaque instant, et, aux montées, tant le terrain était glissant, les voitures ne pouvaient quelquefois plus avancer. On allait ainsi péniblement, sans dire un mot, et rien ne pouvait donner une idée plus saisissante de la gravité de la situation que ce silence observé par tous.

Au moment où nous traversions Saint-Jean-sur-Erve, aux premières lueurs d'un jour brumeux, l'amiral Jauréguiberry prenait ses dispositions pour y arrêter l'ennemi et livrer le beau combat qui devait être un des derniers engagements de notre malheureuse campagne.

C'est alors aussi que nous avons pu nous apercevoir de l'état lamentable dans lequel nous étions les uns et les autres. Il avait fait dans la nuit un froid terrible, environ 20 degrés. Nous avions tous les cheveux et les moustaches remplis de glaçons; c'était comme les chandelles qui pendent aux arbres après un chute de verglas. La nuit du 14 au 15 janvier a été certainement l'une des plus rudes de toute la campagne.

Après être sortis de Saint-Jean-sur-Erve, et afin probablement de dégager la grande route, nous avons pris un chemin à gauche qui devait nous conduire à Laval par Bazougers et Forcé.

Enfin, le 15, vers 1 heure après-midi, nous sommes arrivés à Laval, après avoir parcouru, depuis notre bivouac de Saint-Denis-d'Orques, environ 40 kilomètres par des chemins affreux et un temps épouvantable. Aussi, nous étions exténués.

LAVAL

Du 15 janvier au 13 février 1871 : Séjour à Laval. — Cantonnements sur les bords de la Mayenne. — L'Huisserie. — Changé. — La Feuillée. — L'armistice. — Les élections. — Départ pour Pontivy. — Fin de la guerre.

A Laval, on nous a mis au bivouac sur la place du Marché, devant l'évêché. La température s'était un peu radoucie. Il a plu pendant tout le reste de la journée du 15, ce qui était au moins aussi désagréable que le froid de la nuit et des jours précédents. Les troupes arrivant de tous les côtés à la fois, la ville a bientôt été encombrée de monde.

J'ai passé la nuit dans un des cafés qui se trouvent sur cette place, assis sur une chaise et dormant par intermittences, à cause du va-et-vient incessant des clients, fort nombreux, qui se sont succédé cette nuit-là dans ce débit. Pendant ce temps, mon capitaine en second recevait, à l'évêché, l'hospitalité la plus cordiale, et il couchait dans un bon lit que le digne prélat de Laval avait mis très obligeamment à sa disposition.

Le lendemain, dans la matinée, nous venions prendre nos cantonnements au village de L'Huisserie, à 7 ou 8 kilomètres en aval de la ville, sur les bords de la Mayenne. Le hameau étant trop petit pour nous contenir, les escadrons ont été dispersés dans toutes les fermes des environs. Le général Michel, commandant la division, avait installé son quartier au château de M. de Quatrebarbe. Des pelotons, envoyés en grand'garde, surveillaient la rivière depuis Laval jusqu'à Entrammes.

Le pont qui se trouve en ce dernier point avait été détruit déjà depuis plusieurs jours.

Au château de La Blottée, où mon escadron était cantonné, nous avions trouvé un chalet qui domine le cours de la Mayenne, et nous nous en servions comme d'un observatoire pour surveiller ce qui se passait sur la rive gauche de la rivière, en ce moment très forte. On s'attendait à chaque instant à y voir apparaître les coureurs de l'ennemi; mais, en réalité, nous n'y avons jamais découvert personne.

Nous sommes restés là pendant trois jours, profitant de ce répit et de ce repos pour remettre un peu d'ordre dans nos affaires.

Le 19 janvier, dans la soirée, notre division était déplacée et envoyée au nord de Laval, toujours sur les bords de la Mayenne. Le 6e lanciers venait s'installer à Changé, à environ quatre kilomètres du chef-lieu du département. Lorsque nous sommes arrivés dans ces nouveaux cantonnements, il faisait déjà nuit noire. Mon escadron a été placé aux fours à chaux, à un kilomètre à peu près à l'ouest de Changé. Notre propriétaire était un M. Goubil, vieux garçon de soixante et quelques années, qui vivait avec ses trois sœurs, encore plus âgées que lui. Ces vieilles demoiselles se nommaient : Adélaïde, Pélagie et Rosalie; le frère s'appelait Alexis.

La façon un peu singulière dont nous avons été reçus dans cette famille nous a fait supposer que nous venions d'arriver dans une sorte de maison de fous.

S'exprimant sur un ton criard et brusque, le bonnet de coton incliné sur l'oreille, M. Alexis nous a paru tout d'abord avoir un fort grain dans la tête. C'est à tel point que mon capitaine commandant a cru devoir nous recommander d'être prudents et circonspects. Il est de fait qu'à voir cet homme aux allures bizarres et surtout à l'entendre parler, nous avions tous été pris d'une telle envie de rire que nous parvenions difficilement à la réprimer.

Notre étonnement n'a pas été moins grand lorsque, précédés par notre hôte, et après avoir suivi un long corridor, nous avons pénétré dans une vaste pièce servant à la fois de cuisine et de salle à manger.

Tout d'abord nous n'avons aperçu que les deux hommes chargés du soin de notre popote. Ils s'étaient déjà emparés du foyer et avaient mis la marmite sur le feu. Puis, marchant comme une souris, la première des sœurs a fait son apparition, ensuite est venue la seconde, enfin la troisième, aucune ne nous ayant été annoncée, toutes ayant l'air de fantômes et sortant on ne sait d'où. Cette discrétion, mêlée d'une sorte de crainte vague, mais néanmoins très perceptible, nous plongeait dans la stupeur, et c'est à grand'peine que nous nous contenions pour ne pas éclater de rire.

Ces trois vénérables filles avaient tout l'air et toutes les allures de vieilles nonnes très timides. On se rendait très bien compte qu'au moindre geste et au moindre mot elles disparaîtraient comme des biches effarouchées. Aussi nous nous taisions, osant à peine regarder.

Mais, lorsque la glace a été enfin rompue, quand le frère et les sœurs ont compris que nous étions au demeurant de bons garçons, nous avons pu donner un libre cours à nos épanchements, et le dîner, préparé en partie par une des trois vieilles filles, a été des plus animés et des plus agréables.

La vérité, c'est que nous nous trouvions chez de très braves gens, qui étaient loin d'être des sots ; mais nos hôtes n'ayant jamais vu de militaires, notre brusque apparition les avait naturellement un peu surpris.

La famille Goubil constituait un ménage modèle. .

Chacune des trois sœurs y avait des attributions distinctes et parfaitement déterminées. L'une était chargée de la cuisine, l'autre de la lingerie, la troisième enfin de la basse-cour. Quant au frère, qui était le Benjamin de la famille, il s'occupait des fours à chaux; ses sœurs avaient pour lui mille attentions, comme on en doit au chef de la maison, et lui-même leur rendait la réciproque.

Nous sommes restés là du 19 au 26 janvier, bien logés, bien nourris, entourés enfin de toutes sortes de soins et de prévenances de la part d'hôtes très aimables et toujours heureux quand ils pouvaient nous être utiles.

Le 26, à notre grand regret, nous sommes descendus au village de Changé, où nous sommes restés jusqu'au 29.

Pour témoigner notre reconnaissance à la famille Goubil, nous avons prié le frère de venir un matin déjeuner avec nous, chez M. Lemonnier, aubergiste, où nous prenions nos repas, et nous avons profité de l'occasion pour boire un verre de champagne à sa santé, ainsi qu'à celle de ses trois respectables sœurs, ce qui l'a touché infiniment.

Déjà, depuis quelques jours, notre 3º escadron avait été envoyé à Saint-Berthevin pour y servir auprès du général Barry, commandant la 2º division du 16º corps.

Le nôtre, le 4º, a quitté Changé le 29 pour aller à La Feuillée, au château de M. des Vallettes, afin d'être attaché au général Deplanque, commandant la 1ʳº division de ce même corps d'armée.

Le même jour, le 5º a été détaché à Andouillé près du général de Curten, commandant la 3º division, et le 6º avec l'état-major sont venus cantonner un peu en arrière, à Saint-Germain-le-Guillaume.

Enfin, quelques jours après, le 6º revenait à Changé,

pour y être attaché au général de Roquebrune, commandant la 4° division.

Ainsi, à la fin du mois de janvier, le 6° lanciers se trouvait complètement disloqué, chacun de ses escadrons étant détaché auprès d'une division d'infanterie et l'état-major vivant d'une façon indépendante.

Les autres régiments de la division de cavalerie étaient cantonnés entre Mayenne et Laval, sur la rive droite de la rivière.

C'est dans ces positions que l'armistice est venu nous surprendre.

Par suite de cet événement, qui nous a vraiment beaucoup étonnés, quelques modifications ont encore été apportées à l'état des cantonnements. Le général Michel a pris son quartier à Bourgneuf. Notre état-major est venu à Bourgon. Quant à mon escadron, il est resté à La Feuillée, où le général Deplanque, blessé et malade, a été remplacé, dans le commandement de la 1re division d'infanterie, par le général Cérez.

A La Feuillée, nous n'étions pas logés au château, mais dans les fermes qui en dépendent.

C'est là que, pour la première fois depuis le commencement de la campagne, nous avons fait usage des réquisitions pour ce qui concerne la nourriture des chevaux. Nous devions les pratiquer dans les fermes où nous étions logés et à tour de rôle dans chaque ferme.

Un jour que j'étais de distribution et au moment où, en présence du fermier, nous prenions de la paille à une des meules désignées par lui, j'ai vu tout à coup sa femme et ses filles, armées de fourches, se ruer sur mes hommes et, en criant épouvantablement, menacer de les frapper s'ils continuaient à enlever des bottes. Ces furies ne voulaient rien entendre. Enfin, répugnant à violenter des femmes, j'ai eu toutes les peines du monde à venir à bout de ma distribution. La ferme était cependant abondamment pourvue de paille et de fourrages, et je donnais des reçus en bonne et due forme. D'autre part, à cette date, presque tous leurs bœufs et vaches avaient le lampas ou la fièvre aphteuse et ne consommaient presque rien. N'importe ! ces enragés paysans ne voulaient rien céder, probablement parce qu'ils se figuraient, le système des réquisitions étant inconnu, que les denrées fournies par eux ne leur seraient jamais remboursées en espèces sonnantes, malgré nos affirmations qu'on les paierait prochainement.

En dehors du service quotidien, consistant en ces distributions mouvementées, promenades des chevaux et pansages, nous n'avions absolument rien à faire. Or, le temps s'était un peu amélioré et il y avait dans le pays beaucoup de gibier. Nous employions donc nos loisirs à chasser, et jamais nous n'avons mangé plus de perdreaux que dans ces fermes.

Le dimanche 8 février ont eu lieu les élections. J'étais président pour deux départements : la Drôme et l'Eure. J'ai installé mon bureau dans une pièce où il y avait tout juste une table et un banc. Pour urne, je me suis servi, comme M. du Miral, de joyeuse mémoire, d'une soupière ou de quelque chose d'approchant.

On m'avait bien remis la liste des soldats de mes deux départements. Mais, comme tous étaient disséminés dans les divers cantonnements de la division, je me suis trouvé tout seul pendant fort longtemps, étant à la fois président, assesseur et secrétaire de mon bureau. Enfin, deux fantassins ayant fini par arriver, je les ai pris pour assesseurs, ce qui ne m'a pas paru leur être bien agréable.

J'avais, à tout hasard, dressé une liste de candidats : Chanzy, Thiers, Gambetta, Trochu, Jules Simon, Faidherbe, etc., me doutant bien que la plupart de mes soldats électeurs ne sauraient à qui donner leurs suffrages. En effet, tous étaient passablement embarrassés. « Eh bien, leur disais-je, voici des noms, choisissez. Mais je ne veux pas vous influencer. Vous avez liberté entière. Au surplus, vous n'êtes pas sans connaître chez vous, dans votre pays, de braves gens : votez pour eux ! »

Il en est résulté qu'après le dépouillement du scrutin j'ai eu une liste très panachée.

Pour tromper l'ennui de cette mortelle journée, pendant laquelle je n'ai pas quitté mon bureau, j'ai dressé plusieurs expéditions de mes procès-verbaux : une pour les préfets, une pour l'autorité militaire et la troisième pour moi-même, de telle sorte que je pourrais donner ici les noms des candidats qui sont sortis de ma soupière. Mais à quoi bon ?

Pour moi, la campagne devait se terminer là. Quelques jours après les élections, j'étais désigné, avec plusieurs autres officiers du régiment, pour rejoindre le dépôt, qui était à Pontivy, à l'effet d'y concourir à la formation de nouveaux escadrons destinés à renforcer la 2ᵉ armée de la Loire, ou plutôt la seule armée qui nous restât, car Paris avait capitulé, l'armée de l'Est n'existait plus, et celle de Faidherbe, refoulée vers le nord, après la bataille de Saint-Quentin, n'était plus guère en état de recommencer la lutte dans des conditions avantageuses.

Partis de La Feuillée à cheval, après avoir fait nos adieux aux camarades, nous sommes allés nous embarquer à la gare de Vitré. Le 14 février, nous arrivions à destination en passant par Lorient; car, de Saumur, notre dépôt avait d'abord été envoyé à Lorient, où nous pensions le trouver, tandis qu'à peine arrivé dans ce port

de mer on l'avait dirigé sur Pontivy, où se trouvait également le dépôt du 2ᵉ lanciers.

Ainsi, en sept mois et demi environ, j'avais traversé
la France à cheval, poussé par l'invasion depuis les bords
du Rhin jusqu'aux rives de l'Océan, assistant, dans l'intervalle, à des catastrophes inouïes, entre autres Frœschwiller, Sedan, Orléans et Le Mans.

Avec l'armistice, la guerre n'était certes pas tout à fait
finie, mais elle était bien près de l'être.

Cependant, on pouvait déjà prévoir que les conditions
de paix seraient très dures. Et, si elles étaient vraiment
inacceptables, il fallait prendre des mesures pour continuer la lutte dans les moins mauvaises conditions que
l'on pourrait.

Rester en Bretagne malgré les avantages qu'offre la
nature du pays, c'était s'exposer à se faire acculer à
l'Océan et à finir misérablement. D'ailleurs, maintenant
que Paris avait capitulé, l'objectif de la 2ᵉ armée de la
Loire n'était plus le même. Il ne s'agissait plus de se-
courir la capitale, mais seulement de défendre ce qui
était encore en notre pouvoir; et l'on ne pouvait plus le
faire qu'en se plaçant au centre du pays, de manière à
couvrir le Sud-Ouest, où se trouvait le siège du gouvernement, Bordeaux, et où l'on pourrait recevoir toutes les
ressources provenant des territoires non encore occupés
par l'ennemi.

A cet effet, le général Chanzy, agissant sans doute de
concert avec les membres du gouvernement, a fait
passer la plus grande partie de son armée sur la rive
gauche de la Loire — les 16ᵉ, 19ᵉ et 21ᵉ corps — laissant le général de Colomb en Bretagne, avec tous les
corps francs, pour y défendre ce pays. Peu après, l'armée de Chanzy s'est accrue du 15ᵉ corps, reconstitué,
et des 25ᵉ et 26ᵉ corps, de nouvelle formation.

Mais, sur ces entrefaites, l'Assemblée nationale s'est réunie à Bordeaux et a voté les préliminaires de paix, après une discussion très orageuse. Il ne restait plus qu'à s'incliner devant la volonté des représentants du pays et à attendre d'être fixé sur les conditions imposées par le vainqueur.

MISSION EN ALSACE

Du 15 mars au 23 avril 1871 : A Paris la veille de l'insurrection. — Voyage de Paris à Strasbourg. — Schlestadt. — Strasbourg. — Bâle. — Mulhouse. — Belfort. — Retour à Pontivy par Dijon, Nevers, Tours et Nantes.

C'est pendant que se poursuivaient ces négociations que j'ai été désigné pour aller en mission à Schlestadt et Neuf-Brisach. Ces deux villes devant être cédées à l'Allemagne, il s'agissait d'aller prendre les bagages et tous les objets que nous y avions laissés au moment de notre entrée en campagne et de les ramener à notre nouvelle garnison.

En conséquence, je quittai Pontivy le 15 mars à 6 heures du matin, et j'arrivai à Paris dans la nuit du 15 au 16. Dans la journée du 16, j'allai à Pantin, devenu tête de ligne du chemin de fer de l'Est, et, m'étant abouché avec le commandant d'étapes, un officier supérieur saxon, j'appris que le service était très irrégulier, mais qu'un train à destination de Strasbourg devait partir le lendemain vers 10 heures du matin, emportant le prince royal de Saxe, et que, si je le désirais, on me réserverait une place dans ce train.

Cette proposition me convenant, je retournai passer le reste de la journée dans l'intérieur de Paris, puis je vins coucher à La Villette, afin de me trouver un peu plus près du point de départ.

J'étais loin de me douter alors de la sourde agitation qui régnait dans la capitale et que le mouvement insurrectionnel qui s'y préparait était à la veille d'éclater.

Pourtant, je me souviens qu'au moment où je franchissais les fortifications pour me rendre à Pantin les gardes nationaux qui occupaient ce poste m'avaient, sans d'ailleurs rien me dire, dévisagé d'une façon assez bizarre.

Le 17 mars, je m'embarquai donc à Pantin dans le train partant pour Strasbourg et emmenant le prince royal de Saxe, accompagné d'un nombreux état-major.

De Paris à Strasbourg, les Allemands avaient tout préparé pour une marche triomphale. Les gares, ornées de trophées et de guirlandes, étaient bondées de troupes de toutes armes, disposées le long de la voie, et venues pour acclamer le prince ou pour lui rendre les honneurs.

Notre train s'est arrêté d'abord à Meaux, puis à Château-Thierry, Epernay, Châlons, Vitry, etc., et partout les ovations ont éclaté aussi nombreuses que bruyantes. C'était pour moi le parcours d'une voie bien douloureuse.

A Nancy, où nous sommes arrivés vers 8 heures du soir, des troupes étaient rangées dans l'intérieur de la gare, d'autres formaient la haie à l'extérieur, dans la cour de la station et partout où le prince devait passer pour se rendre à son hôtel.

Le train ne devant repartir que le lendemain dans la matinée, je me suis rendu moi-même à l'hôtel de France, ainsi que les personnes qui se trouvaient dans mon compartiment et qui étaient : le lieutenant-colonel suisse Louis de Perrot, la femme et la belle-mère d'un officier de notre armée, le colonel Thierry. Ces deux dames allaient à Molsheim, près de Strasbourg, dont elles étaient originaires ; quant au lieutenant-colonel de Perrot, en tenue civile, il venait de visiter les champs de bataille des environs de Paris, et il se rendait à Metz dans le même but.

Comme j'étais en uniforme, ces dames, fort gênées au milieu de cette soldatesque allemande, étaient venues se placer sous mon égide, et le colonel fédéral, après avoir décliné sa qualité, m'avait prié de vouloir bien lui accorder la faveur de faire le voyage en notre compagnie.

A l'hôtel, toutes les chambres étant occupées, nous nous sommes installés dans la salle à manger, où l'on a apporté un matelas sur lequel les femmes ont pu prendre un peu de repos. Mais le colonel et moi nous avons passé la nuit à causer, assis côte à côte avec des officiers prussiens qui se renouvelaient à chaque instant.

Le colonel de Perrot était, avant la guerre, attaché militaire à Berlin. C'était un homme froid, calme, réservé, qui avait beaucoup de sympathie pour notre armée, et qui, ayant étudié de près l'armée allemande pendant sa mission, avait vu avec peine éclater la guerre, persuadé qu'il était qu'elle nous serait funeste.

Toute notre conversation devait rouler naturellement sur cette question, sur nos efforts et sur les causes de nos désastres.

Plus tard, à l'issue de sa visite aux champs de bataille, cet officier supérieur a publié sur la campagne de 1870-1871 un livre très intéressant, dont il m'a envoyé un exemplaire avec dédicace « à son compagnon de voyage ». Il y avait joint une brochure intitulée : « Les bienfaits de Jésus-Christ », sans doute pour m'exhorter à la résignation, dont nous avions, en effet, le plus grand besoin.

Le colonel de Perrot est resté avec nous jusqu'au moment où, l'heure du départ du train étant proche, nous avons quitté l'hôtel pour nous rendre à la gare. Il faisait déjà grand jour. Comme la veille, nous nous sommes installés dans un compartiment de 1re classe, ainsi, d'ailleurs, que nos billets le comportaient. Mais, à peine étions-nous assis que des soldats allemands d'infanterie sont arrivés, ont ouvert la portière et envahi toutes les places disponibles. Tous fumaient leurs énormes pipes en porcelaine et cherchaient à s'installer commodément, rangeant leurs armes dans les filets. Ces dames ne disaient mot, mais elles étaient visiblement fort gênées par ce voisinage peu agréable. J'étais moi-même, on le comprend, très froissé de me trouver en contact avec de simples soldats. Je me suis donc levé et, sans plus de façon, j'ai prescrit à ces hommes de se retirer, en leur faisant observer qu'ils s'étaient sans doute trompés, que notre compartiment était réservé, que, d'ailleurs, on ne fumait pas devant des dames, etc. Au surplus, je me disposais à adresser une réclamation au chef du train, la vue et la présence de ces soldats m'étaient odieuses; mais je n'ai pas eu besoin de recourir à cette démarche. Aux premiers mots que j'ai prononcés et à mon grand étonnement, ces hommes ont repris leurs armes sans rien dire, et ils sont sortis du compartiment, filant très doux. Aucun d'eux n'entendait certainement le français; mais ils ont tout de même compris que je les invitais à décamper, et ils l'ont fait avec toutes les marques de la plus complète déférence. Malgré moi, je n'ai pu m'empêcher d'admirer cette obéissance passive aux ordres même d'un officier étranger.

Dès lors, je me suis tenu debout à la portière, afin d'empêcher une nouvelle invasion, car des soldats arrivaient de partout et se répandaient dans tous les compartiments du train. Enfin celui-ci est parti, et nous avons poussé un soupir de soulagement en voyant que nous étions seuls.

Arrivés à Strasbourg un peu avant midi, nous y avons déjeuné, puis nous avons pris le chemin de fer qui passe par Molsheim et Bar, d'où je me suis rendu en voiture à Schlestadt, pour y descendre à l'hôtel de l'Aigle.

Dès le lendemain 19, je me suis présenté au commandant de la place, un lieutenant-colonel du génie, qui m'a délivré un permis de séjour illimité.

Puis je suis allé voir le maire, qui était le dépositaire de la clef de l'arsenal où nos effets avaient été réunis au moment de la capitulation. On avait stipulé alors que ces bagages seraient garantis pendant six mois. Or, la place avait capitulé au mois d'octobre 1870 ; il était donc temps de venir chercher nos effets, si nous ne voulions pas nous exposer à les perdre, et c'est pourquoi, dès que les circonstances l'avaient permis, j'avais été délégué pour accomplir cette mission.

Une première inspection de ces bagages, déposés dans une des salles hautes de l'arsenal Saint-Hilaire, m'a permis de constater qu'ils étaient en bon état de conservation, qu'ils paraissaient intacts et qu'ils étaient beaucoup plus nombreux que je ne l'avais cru. Cependant, quelques-uns avaient été laissés chez les habitants, dans les logements occupés naguère par les officiers, et d'autres se trouvaient encore chez des amis.

Pour ramener tous ces effets, il eût fallu plusieurs wagons, beaucoup de wagons, et le chef de gare de Schlestadt, que j'avais déjà pressenti à ce sujet, ne pouvait m'en fournir aucun ; car, en ce moment, l'armée allemande commençait à rentrer dans ses foyers, et l'administration des chemins de fer n'avait pas assez de matériel roulant pour suffire à toutes les exigences de ce rapatriement.

Pour comble d'embarras, sur ces entrefaites j'apprenais que la Commune venait d'éclater à Paris. Ce mouvement insurrectionnel — quoique, au début, il fût assez difficile d'en apprécier l'importance et d'en prévoir la durée — n'était pas de nature, je le sentais bien, à aplanir les difficultés de ma tâche.

Mais, comme tout dépendait de l'autorité militaire allemande, cette autorité ayant la haute main sur le service des voies ferrées, c'était à elle qu'il fallait d'abord avoir recours, et, pour obtenir ses bons offices, c'est à la tête, c'est-à-dire à sa plus haute expression, que je m'adressai immédiatement

A cet effet, je me rendis à Strasbourg, où je me proposais de réclamer une audience du gouverneur général de l'Alsace, le lieutenant-général de Bismarck-Bölhen, parent du chancelier. Et, le 28 mars au matin, je me présentai à l'hôtel dudit gouverneur, où l'on me prévint que Son Excellence me recevrait à l'heure habituelle de ses audiences quotidiennes, c'est-à-dire à midi. En attendant, je laissai entre les mains d'un officier de service, la lettre ci-après indiquant l'objet et le but de ma requête.

« *A Son Excellence Monsieur le Gouverneur général de l'Alsace.*

« MONSIEUR LE GOUVERNEUR GÉNÉRAL,

» J'ai l'honneur d'exposer à Votre Excellence que, commissionné par les officiers du 6° régiment de lanciers français pour retirer de la ville de Schlestadt leurs effets garantis par la convention de la capitulation de ladite place, je viens, au nom de tous mes camarades, prier Votre Excellence de me faciliter les moyens de transport, très difficiles en ce moment, mais dont la difficulté que j'éprouve sera certainement surmontée par l'appui de votre haute protection, que j'ai l'honneur de solliciter.

» Je suis, etc... »

'Un peu avant midi, je me trouvais au rendez-vous, dans un grand vestibule du premier, où les solliciteurs faisaient antichambre avant d'être introduits dans le cabinet du gouverneur. Il y avait, ce jour-là, une foule nombreuse, composée de personnes de toutes conditions, à en juger d'après leur costume. Seul, j'étais en uniforme.

A midi précis, le gouverneur est arrivé, descendant du second, et tout le monde s'est rangé en saluant. Il était en petite tenue et en sabre, c'est-à-dire en tenue du jour. C'était un homme d'une soixantaine d'années, de très haute taille, mince, très droit et très brun.

En passant à ma hauteur, et bien que je ne fusse pas au premier rang, il m'a fait signe de le suivre, et nous sommes entrés dans son cabinet. Après m'avoir fait asseoir, il a pris ma supplique, déposée sur son bureau, et m'a questionné sur les démarches déjà faites pour obtenir du matériel; puis, déplorant le retard et les embarras que j'éprouvais, il m'a assuré qu'il s'emploierait de tout son pouvoir pour me venir en aide, qu'il était très heureux de m'être agréable, et, dans le but de hâter la mission qui m'avait été confiée, il m'a recommandé par une annotation en marge de ma demande d'audience, à M. de Dülberg, président de la Commission des chemins de fer à Strasbourg. Enfin, il m'a conduit auprès de son chef d'état-major, le colonel von Hartmann, qui a transcrit l'annotation à l'encre, après quoi j'ai pris congé du gouverneur et me suis rendu à la gare, où, muni de mon placet, on m'a fait un accueil des plus empressés. Grâce au précieux papier que j'avais entre les mains, tous les fonctionnaires, après l'avoir lu, s'inclinaient devant moi jusqu'à terre.

Néanmoins, M. de Dülberg ne m'a pas caché qu'ayant l'ordre formel de ne recevoir aucune marchandise en

dehors des munitions de guerre et des vivres pour les
troupes, il ne lui serait peut-être pas possible, malgré sa
bonne volonté et son grand désir de m'être agréable, de
me fournir les wagons qui m'étaient nécessaires avant
deux ou trois semaines. Toutefois, m'a dit le chef du
mouvement, M. Schülz, il y aura peut-être un moyen de
tout arranger; adressez une demande à l'inspecteur de
la compagnie de l'Est, à Nancy, et, s'il s'engage à vous
fournir le matériel réclamé, qu'il vienne de Nancy ou
de Bâle, je préviendrai nos agents, qui vous l'amèneront
à Schlestadt.

Sans perdre une minute, je rédigeai une demande à
M. Dessens, inspecteur des chemins de fer de l'Est, et je
l'expédiai à Nancy. Puis je rentrai à Schlestadt, où
j'avais prié M. Dessens de vouloir bien m'adresser sa
réponse. Celle-ci m'arrivait le 1er avril. Elle était ainsi
conçue :

« Nancy, le 30 mars 1871.

» MONSIEUR,

» J'ai reçu votre lettre du 28 courant au sujet du
transport des effets des officiers du 6e régiment de lanciers, et je me suis empressé de la transmettre à M. le
chef du mouvement de la Compagnie de l'Est, en ce
moment à Bâle, par l'entremise de M. Hüss, représen-
tant de la Compagnie de l'Est à Bâle, avec lequel vous
auriez à vous entendre.

» Tout le matériel disponible que nous avons en ce
moment sur nos lignes est exclusivement employé à
l'évacuation de l'armée allemande et de son matériel; il
me serait donc tout à fait impossible de vous faire envoyer des wagons à Schlestadt, comme vous me le de-
mandez.

» Toutefois, et dans le but de vous être utile, j'ai prié M. le chef du mouvement de réunir à Bâle les treize wagons qui vous sont nécessaires et de vous les faire adresser à Schlestadt accompagnés par un de nos agents.

» A votre arrivée à Avricourt, vous aurez à remettre à nos agents une réquisition pour que nous puissions effectuer ce transport vers Paris.

» Veuillez agréer, etc.

» *L'Inspecteur principal,*
» Signé : DESSENS. »

Tout semblait donc maintenant devoir aller pour le mieux.

Mais les jours passaient et les wagons promis n'arrivaient toujours pas. Je suis alors parti pour Bâle, où j'ai vu d'abord M. Hüss, puis M. de La Molinari, chef du mouvement à la Compagnie de l'Est. Celui-ci logeait précisément à l'hôtel des Trois-Rois, ou j'étais descendu ce qui devait rendre plus faciles nos communications réciproques.

M. de La Molinari avait bien été prié par M. Dessens de mettre des wagons à ma disposition ; seulement, à l'heure présente, il ne pouvait suffire aux demandes des Allemands, ce qui l'avait empêché de satisfaire jusqu'ici à ma requête.

« — Mais, lui dis-je, si vous n'avez pas de wagons couverts, donnez-m'en de n'importe quel modèle, même des trucs.

» — Alors, me répondit-il, c'est différent, j'aurai peut-être votre affaire. Il me reste, en effet, des wagons découverts, dits wagons H ; je vais donner l'ordre de les réunir, et, aussitôt qu'ils seront prêts, vous pourrez les conduire à Schlestadt.

Après trois jours d'attente, je quittai enfin Bâle, emmenant avec moi quatorze wagons H, un wagon couvert et trois trucs, ces derniers destinés au transport des voitures, car j'avais aussi découvert un certain nombre de voitures parmi le matériel à rapatrier. Le tout fut accroché à un train partant pour Mulhouse. Je m'étais muni d'une lettre particulière pour le chef de cette station, lettre dans laquelle on le priait de vouloir bien laisser passer mes wagons de Mulhouse à Schlestadt.

Malheureusement, l'inspecteur de Mulhouse, un Allemand têtu comme une mule, n'a pas obtempéré à l'invitation qui lui était adressée par M. de La Molinari, et, malgré mes instances, malgré la note du gouverneur général de l'Alsace, que j'avais eu soin de lui mettre sous les yeux, ce fonctionnaire n'a rien voulu entendre, il a fait garer mes wagons et m'a réclamé une réquisition pour les faire passer à Schlestadt. Il voulait absolument ou une réquisition du commandant d'armes de Mulhouse, ou un ordre écrit du président de la commission des chemins de fer, M. de Dülberg.

J'avais bien songé à envoyer une dépêche à ce dernier; mais le télégraphe ne recevait pas de dépêches privées. Je me suis donc décidé à aller voir le commandant d'armes, qui était le colonel von Quistorp, du 22ᵉ régiment d'infanterie. Fort heureusement, cet officier supérieur était un homme très aimable. Il n'avait, m'a-t-il dit, aucun pouvoir sur le chef de gare, mais il pouvait faire passer mes dépêches à M. de Dülberg. Il a même pris la peine de traduire en allemand celle que j'avais préparée pour ce haut fonctionnaire, et le bureau télégraphique n'a plus fait alors aucune difficulté pour la recevoir et l'envoyer au destinataire.

Seulement, à cette date, M. de Dülberg se trouvait absent, et, pendant quarante-huit heures, je suis resté à Mulhouse sans recevoir de réponse aux trois ou quatre dépêches que j'avais successivement fait partir, toujours de plus en plus inquiet au sujet de mes wagons en détresse dans la gare. Enfin, n'y tenant plus, je suis parti moi-même pour Strasbourg, après avoir adressé au chef de la station de Mulhouse la menace de le dénoncer à Son Excellence le gouverneur général si jamais il se permettait, pendant mon absence momentanée, de toucher à mon matériel.

Mais en m'apercevant, M. Schülz me dit : « J'ai reçu vos dépêches en l'absence de M. de Dülberg, et, en ce moment, vos wagons sont en route pour Schlestadt. Vous les y trouverez sûrement à votre retour. Maintenant, je vous prie de hâter le chargement de vos bagages, car la commission exigera une certaine indemnité pour le temps que votre matériel restera en gare. Donc, dans votre intérêt, activez l'opération et partez ensuite le plus tôt que vous pourrez. »

En rentrant le soir à Schlestadt, je trouvai en effet mes wagons arrivés de Mulhouse, et, dès le lendemain, je commençai à les charger, à l'aide d'hommes et de camions fournis par M. Arnold, entrepreneur.

En cinq jours tout était terminé, et le 17 avril je pouvais enfin me mettre en route pour Belfort dans un train à la queue duquel, après force démarches, on avait consenti à accrocher mes dix-huit wagons de bagages de toutes sortes.

Si je passais par Belfort, c'est qu'il ne m'était pas possible de suivre un autre itinéraire. La Commune avait complètement modifié mes projets primitifs, lesquels consistaient naturellement à gagner d'abord Strasbourg et de là Paris en suivant la grande ligne de l'Est. Mais, dans les circonstances actuelles, on ne pouvait plus passer par la capitale ; le chemin le plus direct de Schlestadt à Pontivy était le suivant : Belfort, Vesoul, Dijon, Chagny, Nevers, Vierzon, Tours, Nantes, Redon et Auray. Ce chemin, s'il n'était pas le plus court, était au moins le plus sûr. Il n'y avait donc pas à hésiter.

L'essentiel, c'était d'abord de démarrer et de gagner Belfort, c'est-à-dire le territoire français. Après, on verrait.

A Belfort, je me suis arrêté, le train qui remorquait mes wagons n'allant d'ailleurs pas plus loin. Mais le grand pas était franchi. Le lendemain 18, je suis resté là toute la journée, expédiant mon convoi par fractions jusqu'à Vesoul. J'ai profité de ce répit pour visiter la ville. Elle était encore dans le même état qu'au dernier jour du siège. J'ai vu en détail les Hautes et les Basses-Perches, la Miotte, fortement ébréchée, la Justice, le Château et l'intérieur de la place.

Il y avait d'énormes projectiles amoncelés dans tous les coins, particulièrement au pied du château près de l'église. Nos adversaires en avaient consommé cent dix ou cent vingt mille. Je me suis fort bien rendu compte de la façon dont ils avaient pu s'emparer des Hautes-Perches, en les prenant à revers. L'intérieur de la ville avait aussi beaucoup souffert, mais pas autant qu'aurait pu le faire supposer l'énorme quantité de projectiles dépensés par l'ennemi. L'hôtel de ville avait été incendié ; le toit de la cathédrale était défoncé en plusieurs endroits ; mais la plupart des maisons particulières n'avaient subi que des dégradations sans importance.

A Vesoul, j'ai trouvé des bâches pour recouvrir tous mes wagons, qui en manquaient. De ce point j'ai fait filer mon convoi jusqu'à Dijon ; de Dijon je l'ai expédié sur Chagny ; de Chagny à Nevers et Saincaize ; de Saincaize à Tours ; de Tours à Nantes ; enfin, de Nantes à Pontivy, toujours en procédant de la même manière, par fractions de six ou huit wagons accrochés soit à un train de voyageurs, soit à un train de marchandises. Tantôt, je partais avec les premiers pour aller attendre les autres dans les stations où je devais m'arrêter ; tantôt, au contraire, je partais avec les derniers après avoir prescrit aux agents de la Compagnie de retenir les précédents à des endroits désignés.

Ne pouvant pas former un train spécial ni mettre mes dix-huit wagons à la suite d'un train normal, j'étais bien obligé d'employer les moyens indiqués, trop heureux encore de pouvoir arriver au but sans anicroches.

Enfin, le 23 avril, à 11 heures du soir, j'arrivais à Pontivy. Ma mission était terminée. En partant, le 15 mars, je ne me doutais pas qu'elle serait si longue, et que je me heurterais à autant de difficultés. A cette date, nous étions loin aussi, les uns et les autres, de prévoir le mouvement insurrectionnal dont Paris allait devenir le théâtre. La Commune devait avoir pour conséquence de compliquer singulièrement la tâche qui m'avait été confiée. Au demeurant, elle s'est encore heureusement accomplie, grâce au bon vouloir de tous et en particulier des autorités supérieures allemandes, chez lesquelles j'ai trouvé, en général, un accueil des plus empressés et un désir évident de m'être agréable qu'il faut bien signaler, pour rendre hommage à la vérité.

Composition du 6e lanciers à la fin de juillet 1870.

Etat-major.

Colonel : TRIPARD.
Lieutenant-colonel : DE LANDREVILLE.
Chef d'escadrons : BONIE.
— TRÉBOUTE.
Major : DE SERLAY.
Capitaine instructeur : CHALLOT.
Capitaine adjudant-major : GÉRARD (blessé à Coulmiers).
— — MALRAISONT (tué à Frœschwiller).
Capitaine trésorier : BOUILLIE.
Capitaine d'habillement : CHANDELLIER.
Adjoint au trésorier : FOUQUET.
Porte-étendard : GAUDEL.
Lieutenant d'état-major : ROLLET.
Médecin-major : SALA.
Aide-major : MINEIOR.
Vétérinaire en premier : LEBESQUE.
Vétérinaire en second : REBEYROLLES.
Aide-vétérinaire : ZIMMERMANN.

1er escadron.

Capitaine commandant : LEFÈVRE (tué à Frœschwiller.)
Capitaine en second : HERMANN.
Lieutenant : FOLIE.
— DOUVILLE.
Sous-lieutenant : MIQUEL.
— BUCHIN.
— VIEIL-LAMARE (blessé à Frœschwiller).

2e escadron.

Capitaine commandant : HENRY.
Capitaine en second : CHAMPAGNE.

Lieutenant : DE MOISMONT (Raoul).
— BRESSANGES.
Sous-lieutenant : DE MARANS.
— DE VANEL DE LISLEROY.
— NUSSARD.

3º escadron.

Capitaine commandant : POUET (tué à Frœschwiller).
Capitaine en second : QUIROT.
Lieutenant : GIRAUD.
— NADAUD.
Sous-lieutenant : BARDY (tué à Frœschwiller).
— BOCHERON (tué à Frœschwiller).
— SÉMONT.

4º escadron.

Capitaine commandant : DEMIGIEUX.
Capitaine en second : CAILLOIN (blessé à Sedan).
Lieutenant : COMBAL.
— GRIS.
Sous-lieutenant : LACOTTE.
— DE BELLEVILLE.
— URDY.

5º escadron.

Capitaine commandant : CAMPAGNAC.
Capitaine en second : GATTELET.
Lieutenant : LAROCHE.
— DE HÉNAUT.
Sous-lieutenant : Lucien DE MOISMONT.
— DE LA RUE DU CAN.
— SAUVEGRAIN.

FIN

TABLE DES MATIÈRES

Paris et Limoges. — Impr. et libr. milit. Henri CHARLES-LAVAUZELLE.

www.ingramcontent.com/pod-product-compliance
Ingram Content Group UK Ltd.
Pitfield, Milton Keynes, MK11 3LW, UK
UKHW021859070726
13613UKWH00001B/235